UNA GUÍA DE HADAS PARA VERACRUZ, MEXICO

UNA GUÍA ACERCA DE LOS LUGARES ÚNICOS, HERMOSOS Y DELICIOSOS DE ESTA ICÓNICA CIUDAD

LADY VICTORIA ROSE

Editor
SERGIO STONE
Traductor
BERNARDO PIERCE

Este libro es para entretenimiento, es desde la propia experiencia y perspectiva personal de la autora, ella es solo un hada vagando por el mundo. Toda la información es a su leal saber y entender y no está garantizada de ninguna forma, ni es un sustituto de la información verificada de fuentes periodísticas, gubernamentales u otras. Por favor, use la discreción y haga una investigación personal cuando viaje a cualquier lugar. Todas las personas, lugares, cosas e ideas mencionadas en este libro son apreciadas y probablemente no son inventos de la imaginación.

Para más información, cooperación, comentarios, ofertas de degustaciones de chocolate u otras aventuras, envíele un mensaje a @TheCozyFairyCollection en Substack, ¡siempre le encanta charlar!

Autora: Lady Victoria Rose

Fotos de Lady Victoria Rose, utilizadas con permiso o de dominio público

Editor: Sérgio Stone

Traductor: Dr. Bernardo Pierce

Registrar los derechos: 2025 Rose & Stone Media

ISBN: 978-1-967007-03-5 (edición rustica)

Número de control de la Biblioteca del Congreso: 2025903722

"The Cozy Fairy Collection"

CONTENIDOS

NOTA DEL TRADUCTOR

Hay muchos libros de historia, sin embargo, pocos pueden hablar de la viva voz de su gente, con las expresiones, la algarabía y la pasión que caracteriza a este epicentro de vida y son, y menos aún desde los ojos de alguien extranjero. Y es porque la vida de un jarocho no suele estar plasmada en los textos, si no en la narración del vecino, de una madre, de un maestro o de un amigo entusiasmado y orgulloso de su tierra.

En las siguientes páginas encontrarán el punto de vista de alguien que no esperaba encontrar la inmensidad de maravillas que hay en el bello puerto, el lugar que me vio nacer. Por eso realizo esta traducción, con la libertad en ciertas notas y permitiéndome algunos desencuentros, porque hay cuestiones que sólo pueden expresarse en el lenguaje jarocho, que desborda en el sentir.

Brindo mis inmensos agradecimientos a la autora, Lady Victoria Rose, y a todo el equipo detrás de esta iniciativa, pues me han brindado la confianza de destilar las palabras adecuadas para ser mejor recibidas en el español que más hablamos, y en la emoción que más entendemos.

A Juan Eduardo Mateos Flores, quien siendo mi parteaguas insignia en este resurgir de la literatura porteña, me dio el visto bueno de las expresiones y me recuerda todo el tiempo que nuestro amado puerto aún tiene mucho que contar.

Y sobre todo, a todos los amigos y conocidos que brindaron su apoyo a todo este proyecto, y que mantienen presente que lo más hermoso de un lugar no son sus playas ni edificios antiguos, sus honores o relevancia histórica, sino su gente.

Si Veracruz es bello, es por el jarocho que aquí vive.

— Dr. Bernardo Pierce

INTRODUCCIÓN

ERA

*E*l tiempo de mi vida antes de Veracruz se lee como una canción de country: "Perdí mi hogar, mis mascotas, mi matrimonio, mi familia, la mayoría de mi negocio y cada una de las expectativas y planes que tenía acerca de cómo luciría mi futuro.

Me preguntaba si en el proceso de escribir este libro terminaría pareciéndose demasiado a "Comer, Rezar, Amar", pero mi experiencia fue muy lejos de ser cómo lo había planeado.

Ciertamente hice todas esas cosas. Disfruté de cada comida nueva que pude encontrar, además de tacos y platos de mariscos por montones. Amé todo lo que me rodeaba, especialmente a toda la gente increíble que me dio la bienvenida en sus vidas.

I love 10,000 little things
All the joys that life can bring
And when it seems I've lost my way
I find the beauty in the day
I weep and sorrow, feel the strain
Holding tightly to the holy refrain
"This too is sacred, truth will last,
Breathe deeply and this too shall pass"

"The Cozy Fairy Collection"
RoseAndStoneMedia.com

Growing

Nadie en el mundo tiene corazones como los Mexicanos. Los franceses podrán ser conocidos por su "joie de vivre", pero los Mexicanos deberían ser conocidos por ser siempre de todo corazón. Hay un sentido de estar completamente inmersos en cada momento, enfrentando las penas y alegrías de la vida.

Aceptan el sufrimiento como un precio digno de la propia existencia, y que simplemente hace la alegría aún más grande. Hay orgullo y pasión, en equilibrio con amabilidad y apreciación por la creatividad, que no había visto en ningún otro lugar.

Elegí Veracruz un tanto al azar. Después de lidiar con mucho dolor, todo lo que quería eran playas y paz. Si bien existe en México una inmensa cantidad de ciudades costeras pequeñas y maravillosas, yo quería una ciudad lo suficientemente grande como para motivarme a intentar nuevas experiencias, conocer personas de manera más sencilla, y obtener suficiente material para escribir un libro que valiera la pena leer. También era importante para mí aprender acerca de la verdadera historia y cultura de México. Había venido antes de forma breve y tuve una experiencia maravillosa, así que quería rendir homenaje al país que tanto disfruté, aprendiendo aún más sobre él.

Resulta que no pude haber elegido un mejor lugar para sumergirme en la profunda y compleja historia de este país, menospreciado por muchos.

Pasé mis primeras semanas en la playa, dejando que el océano limpiara todo por lo que había pasado, y simplemente intentar navegar entre la logística de una vida normal: Lavar la ropa, comprar despensa, cómo obtener una tarjeta SIM que funcione. Comencé a sanar y a buscar nuevos lugares y personas.

Me pregunto si será posible enamorarse de un lugar, de un grupo de personas, una docena de negocios, una comunidad, una cultura, una idea de lo que significa vivir en alguna parte. Si es así, ciertamente estoy enamorada de Veracruz y de su maravillosa gente. Sus ojos se iluminan cuando bailan y trabajan, mientras me cuentan acerca de su hogar, sus familias y la historia de su ciudad. Estoy encantada con las aventuras salvajes, las sorpresas de mi vida que me llevaron aquí, a la moderna dicotomía de la cultura y el epicentro de la vida nocturna del país.

Veracruz es el puerto más antiguo en México, y el lugar por donde pobladores de todo el mundo entraron al país durante siglos. Esto ha llevado a una mezcla única de herencia e historia conectada con cada familia que llama a este lugar su hogar.

Fue construido en tierras pantanosas y por muchos años se volvió el refugio de varias personas que huían del gobierno o por otros problemas, ya que el lugar era considerado por la policía como un lugar muy peligroso por el riesgo de enfermedades. Pero en los 50's hubo un esfuerzo inmenso de renovación y ahora la ciudad es limpia y acogedora; uno de los lugares más seguros en el país.

La mujer de Amarillo

La historia de eclécticos personajes habitando la ciudad ha creado un paraíso para el espíritu libre de la gente que disfruta de la creatividad y la fiesta. La arquitectura de las áreas principales de la ciudad es hermosa, llena de arcos y patios clásicos.

Todo es brillante y colorido.

Todo es un lío.

Un brillante ejemplo de belleza.

UNA VISTA AÉREA DE ESTA PINTO-
RESCA METRÓPOLIS, CONSTRUIDA
DESDE EL PUERTO AL CENTRO DE LA
CIUDAD.

❊❊❊

LA ARQUITECTURA ES ÚNICA PORQUE
ES UNA FUSIÓN HERMOSA DEL
ESTILO ESPAÑOL CON TOQUES
MEXICANOS.

❊❊❊

LA PLAYA PRINCIPAL CERCA DEL
CENTRO DE LA CIUDAD ESTÁ REPLETA
DE TIENDAS, CARRITOS DE COMIDA Y
DIVERTIDAS ACTIVIDADES DÍA Y
NOCHE.

Con el puerto, la diversidad y el influyente rol que ocupa en el país entero, me recuerda mucho a la ciudad de Nueva York. También noté que, distinto a otros lugares que visité en México, la gente dice que primero son Veracruzanos, y después Mexicanos. Están muy orgullosos de pertenecer específicamente a esta región, su hogar, con el concepto de ser lo Mejor de México, y por una muy buena razón.

Esta icónica ciudad habla su propio dialecto especial, tiene comida específica de la zona, y fue el epicentro principal de eventos importantes para toda la historia de México.

La ciudad de Veracruz fue originalmente la capital del estado de Veracruz, pero debido a constantes ataques al puerto perpetrados por Piratas y rivales políticos como Estados Unidos, la capital fue movida tierra adentro, a Xalapa.

Pero a la ciudad no le importa eso, sigue siendo el corazón latente de la región, y atrae a turistas de todo México y el mundo.

Estoy maravillada de haber escogido quedarme en Veracruz, y siento que mi vida cambió irrevocablemente gracias a eso. He viajado a los 48 estados del Estados Unidos Continental, y he vivido o viajado en otros 8 países hasta ahora, y aún así considero a Veracruz como uno de los lugares más disfrutables que he experimentado.

Es una ciudad lo suficientemente grande para tener todo lo necesario para disfrutar de la vida, pero no tan grande para ser difícil de recorrer; tiene playas por un lado, bosques por otro; tiene comida e influencia cultural de todo el mundo; y las personas son increíblemente amables y cálidas en general.

¡10 de 10!

Veracruz está muy orgulloso de su historia y tiene museos maravillosos, universidades, eventos artísticos y clubs de lectura para disfrutar.

UN POCO DEL LENGUAJE LOCAL

JAROCHO

Se refiere a la gente local, que se identifica culturalmente con música, sabores y danzas basadas en una mezcla de herencia africana, europea y caribeña.

WEY

Amigo (cumplido)

NO MAMES

De uso muy común, varía su significado como "Wow, no puede ser", y otras expresiones de emoción, shock o acuerdo. Si no sabes qué decir en esos casos, esta expresión será adecuada.

PEDO

Flatulencia, un gran problema, y por alguna razón también un amigable "¿Qué hay de nuevo?".

El contexto es VITAL.

VERGA

Sorpresa, en un mal sentido. También usado como "la verga". Es un gran insulto, no muy apropiado para una primera impresión.

CHISMESITO

Un poco de habladurías, el pasatiempo local favorito con café y bocadillos.

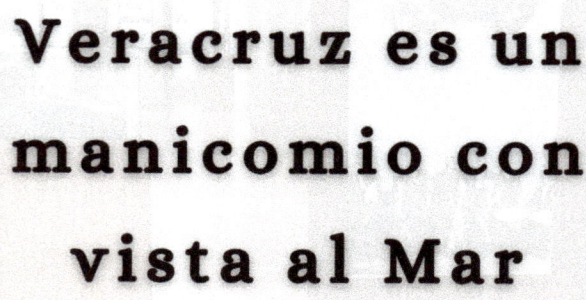

Veracruz es un manicomio con vista al Mar

HUMOR LOCAL

LA ICÓNICA CIUDAD

*E*stoy lejos de ser la persona más adecuada para hablar acerca de la historia de la región, pero haré mi mejor esfuerzo con lo que me enseñaron historiadores increíbles, eruditos y locales apasionados con los que entablé amistades.

El área que ahora es el puerto principal y el centro de la ciudad es aproximadamente donde Cortés llegó y estableció su base. Después, se construyeron dos Fortalezas, una a cada lado de la entrada, para defender la zona. El castillo principal, San Juan de Ulúa, es ahora un fascinante museo que ofrece tours al público, y se encuentra incluido en el itinerario de la ruta turística en autobús por la ciudad.

Hoy en día, el puerto es un importante centro de transporte a todo México, y también alberga la Universidad Naval. Aquí, La Marina se encarga de la seguridad y aduana de todo lo que entra y sale del puerto.

El muelle principal se ha vuelto un área turística principal, con tiendas, cafeterías y vendedores ambulantes al lado de contenedores inmensos y barcos de la Armada atracados en la orilla.

El Zócalo está muy cerca de allí, acompañada de la mayoría de los edificios de gobierno, y es donde la mayoría de los eventos de la ciudad se llevan a cabo.

MUSEO DE LA CIUDAD

En el centro histórico, cerca de la librería Mar Adentro, se encuentra el "Museo de la Ciudad". La entrada es gratuita y las personas que trabajan ahí están alegres de darte un tour por el lugar.

El edificio es hermoso; un gran patio con un techo de vidrio que ilumina sus dos pisos envueltos entre balcones.

Las galerías contienen una gran variedad de artefactos y estatuas, se encuentran bien distribuidos y la mayoría cuenta con señalización bilingüe.

Una de mis partes favoritas del Museo fue la Galería de Arte Moderno, donde presentan a artistas emergentes y notables de la zona.

* * *

El museo también es popular por sus excursiones escolares, y posee muchas obras para ser un lugar pequeño. Está a una distancia caminable del Museo Naval y de la Librería Mar Adentro.

* * *

Las temáticas cambian con regularidad y se realizan eventos a menudo como convivencias de artistas, oradores y autores locales, acerca de temas que van desde el feminismo hasta la religión.

LA VIDA JAROCHA

De la palabra "jaras" que significa "flechas", se origina la palabra "Jarocho". Al principio, se usó para referirse a la gente que defendía la costa con flechas, pero ahora simplemente se refiere a la gente de la región que se identifica intensamente con una combinación única de música y estilo que forma la cultura local.

El estilo de vida involucra el más increíble ejemplo de "Work hard, Play hard, Love hard", con personas que valoran el aceptar totalmente a la vida en todos los niveles, la apasionada expresión de las emociones, y una profunda lealtad a los seres queridos.

Todo en esta cultura está centrado alrededor del océano, incluso cuando se está lejos de la playa. Impregna la conciencia e identidad de cada persona que he conocido, y al mismo tiempo, muchos de ellos no saben nadar o siquiera pasan mucho tiempo cerca del agua. Es mucho más probable que simplemente aprecien el clima de la costa, o se sienten en el muro del Boulevard a beber y platicar. Esto es un vestigio de los días donde el sistema de agua de la ciudad no estaba regulado, aunque en las últimas décadas todo está bastante limpio.

CIUDAD DE MUCHAS ERAS

Fue llamada la "Ciudad de Tablas" durante el siglo XVII porque muchos de los edificios estaban hechos de la madera de barcos dañados, debido a la carencia de piedra en la región. A pesar de esos humildes orígenes, y después de que la Fortaleza de San Juan de Ulúa fue construida, la comunidad prosperó y ahora tiene numerosas obras de hermosa arquitectura.

También tiene una profunda historia Católica. Durante la epidemia de la Fiebre Amarilla en 1647, la efigie de San Sebastián El Martir fue llevada en procesión entre las calles de la ciudad y, poco después, la epidemia se acabó milagrosamente, motivando a la ciudad a declararlo como Santo Patrono de Veracruz. Ha sido representado de varias formas, desde un hombre viejo, hasta a una imagen desnuda en una cruz similar a Cristo, y algunas veces como un joven.

Desde 2008, la ciudad reúne a artistas locales que crean diferentes representaciones (mostradas en el Museo de la Ciudad) del santo que ha recibido cuatro siglos de adoración religiosa y médica en la Ciudad de Veracruz.

Hoy en día, la ciudad se moderniza año con año, y es bastante icónica por sus destacados festivales como el SalsaFest y el Carnaval (comparable con los que se realizan en Venecia o Brazil), que atrae a gente de todo el país.

A pesar de estos icónicos eventos culturales, Veracruz no se ve invadida de turistas de la forma en que sucede con otras ciudades con playas, y es probable que eso suceda por una infraestructura centrada en la industria y los negocios, además del clima. Mientras existen muchas playas muy bellas con buenos restaurantes, no existe demasiada infraestructura (baños públicos, cabañas de playa, etc.) como podrías ver en otras ciudades más turísticas; y aunque tiene hermosos días soleados, el clima puede cambiar fácilmente al estilo de las playas del norte con viento y cielos grises.

Personalmente, encuentro estos detalles aún más disfrutables siendo como son, además que le dan a la ciudad una sensación cómoda y habitable comparada con otras ubicaciones costeras.

¡Y gozar de la ocasión de un día nublado!

PATIO ESTILO ESPAÑOL

Este es el patio del Museo de la Ciudad, pero el estilo del diseño, en una menor escala, es bastante popular en los hogares de alta gama en toda la zona.

Uno de mis pasatiempos favoritos en México es disfrutar de todos sus bellos murales. La cultura aquí realmente valora el arte, la belleza y generalmente lo colorido, así que existen panoramas interesantes en abundancia a donde quiera que vayas.

* * *

La ciudad y el boulevard de noche parecen salidos de una película. Generalmente no soy una persona nocturna, pero con la combinación de climas cálidos y paisajes preciosos, la ciudad simplemente te pide que des un paseo a medianoche. Sola o con amigos, una pequeña aventura siempre vale la pena.

* * *

Mi principal forma de ejercicio es caminar, y Veracruz es ideal si tú, así como yo, te deleitas admirando las flores y la arquitectura en largas caminatas.

Hay muchos detalles y formas maravillosas en que la gente expresa su personalidad a través de sus hogares.

LA LIBRERÍA Y CAFETERÍA MAR ADENTRO

*E*sta icónica librería local se volvió mi segundo hogar durante gran parte de mi tiempo en Veracruz, hasta el posible cansancio (y espero también diversión) del staff. Más que una librería, Mar Adentro se ha vuelto un centro comunitario local con la misión de preservar y promover la historia y cultura de la región. Tuvo tal inmenso impacto en mi tiempo en este lugar que sentí absolutamente necesario dedicar una sección al increíble trabajo de las apasionadas personas detrás de este epicentro cultural. Y porque también, amo los libros.

Estéticamente placentero en todos los niveles, el nombre "Mar Adentro" fue elegido porque las paredes de piedra de la librería tienen incrustados corales petrificados, creando una apariencia visual única.

Con cómodos sillones y una cafetería en un patio clásico, este lugar es maravilloso para conocer amigos, trabajar un poco, o simplemente disfrutar de una increíble selección de libros. Tienen de cada género, además de una colección verdaderamente impresionante de volúmenes raros y antiguos para los verdaderos amantes de los libros.

FIESTA DEL "ANIVERSARIO DE APERTURA"

¡7 AÑOS Y CONTANDO!

La librería es un centro cultural, donde alberga eventos casi cada noche de la semana. Desde músicos locales, autores, historiadores, médicos investigadores, e incluso "belly dance", siempre hay algo para todos, motivando la educación y la construcción de una comunidad.

El staff es amigable, apasionado y muy culto, feliz de ayudar a encontrar un libro de cualquier materia y ofrecer excelentes recomendaciones en una gran variedad de temas. La mayoría de los libros están en Español, por supuesto, pero cuentan con una sección internacional, y un área en Inglés.

La colección antigua y rara es verdaderamente impresionante, mantenidas en vitrinas para su exhibición, pero el staff puede mostrar los libros si se les solicita.

El perfil de Instagram de la librería también sube videos con la historia y contenido de libros selectos, narrados por el especialista del lugar, Sergio Muñoz.

Sigue su Instagram:
@libreriamaradentro

La librería se ha expandido recientemente a otros proyectos culturales, incluyendo la publicación de algunos autores locales de poesía e historia, además de un documental entero acerca de varios personajes locales.

Los eventos más grandes son usualmente realizados en el patio, el cual tiene una acústica perfecta para la música.

✦✦✦

No es una fiesta a menos que haya baile y una mandíbula de res para tocar música.

✦✦✦

Es en el segundo piso donde la mayoría de las lecturas y clases son llevadas a cabo, y es un gran lugar para conocer gente interesante.

RAVIOLI DE CAMARÓN

Además de ser una excelente librería, la Cafetería en Mar Adentro es de primera clase. Con platillos como ravioli de camarón, tamales, sándwiches, omelettes, smoothies, pasteles, brownies y más, hay una gran variedad disponible todo el día.

¡Pero mi favorito definitivamente fue el chocolate amargo al 75%, que rápidamente se volvió mi orden habitual!

Sergio Muñoz

Un hombre renacentista local, Sergio Muñoz es un abogado y académico literario apasionado por la historia, la escritura y el arte. Actualmente trabaja en Mar Adentro, especializando su colección con libros históricos, raros e internacionales.

❋ ❋ ❋

(Disponible con subtítulos en inglés)

La Gran Década Nacional

Es un canal de calidad profesional en YouTube que Sergio fundó para hablar de la historia local, con análisis en los aspectos políticos y culturales que desencadenaron varios eventos como la Guerra Civil. Él moldea batallones enteros en miniatura así como paisajes donde recrea batallas y otros eventos de forma precisa.

Disponible con subtítulos en Inglés.

❋ ❋ ❋

Otros proyectos

Trabajando con una paleta limitada de acrílicos, Sergio pinta escenas clásicas del mar, naves y paisajes locales. Su trabajo pronto estará en exhibición permanente en el museo local. También está trabajando en un libro acerca de la historia de Veracruz dicha a través de los años. Será el primer libro de

historia local escrito en Inglés, disponible en Mar Adentro a finales del 2025.

(¡Pude leer un capítulo, es graciosamente brillante, y estoy muy emocionada por el resto!)

Este fue definitivamente mi lugar favorito para pasar el rato en el café, donde conocí a personas fascinantes y tuve conversaciones increíbles.

Recomiendo ampliamente este lugar si deseas aprender más acerca de la zona y conocer a la comunidad local.

Vitaminas para el Alma

Pequeña Librería, Gran Impacto Local

El nombre perfecto para una librería, especialmente si es una institución local.

Es la precisa definición de un pequeño negocio independiente, ya que el dueño ha estado presente todos los días durante décadas, desde que abrió el local.

Está ubicada en el Centro, en la orilla de un mercado callejero que rodea un lado del Parque Zamora. Llegar allí es toda una aventura sensorial, así como la propia librería.

Exhibe libros de segunda mano principalmente, con una colección pequeña pero curiosa de libros en Inglés.

Dirección: Av. Francisco I. Madero 967, Col. Centro, C.P. 91700. Veracruz, Ver. - 8am a 6:30pm todos los días

El amigo que me mostró este lugar me dijo que lo ha visitado desde su infancia, siempre en la búsqueda de nuevas entregas de sus cómics favoritos. Actualmente el local tiene menos cómics, pero cuenta con una gran variedad de revistas y otros periódicos locales de la mano de una ecléctica selección de libros.

En una encantadora avenida, integrada a la historia local, asegúrate de traer una gran bolsa para llevar todos los tesoros escondidos que encuentres.

LECTURAS AL AIRE LIBRE

Yamil García, que también trabaja en Mar Adentro, decidió que trabajar a tiempo completo en una librería simplemente no era suficiente para él, quería crear un club de lectura también.

Empezó con las Lecturas al Aire Libre, donde se reúnen en el Parque Zamora, el parque principal de la ciudad, cada domingo a las 5 pm.

Las únicas excepciones a esto son en días lluviosos o muy calurosos, donde se aventuran en un Italian Coffee Company, el cuál es absolutamente el peor café de la ciudad, por lo que siempre está vacío.

No les importa que nos quedemos por horas hablando de libros, jugando, y debatiendo infinitamente como filósofos amateurs.

Con cerca de 50 o más miembros en el grupo de WhatsApp, el club tiene algunos miembros regulares, y el resto acude de manera ocasional basado en si se encuentran o están en la ciudad.

Siendo una hablante novata del Español, mi presencia allí era más como de una invitada honoraria, pero el grupo me dio la bienvenida generosamente e hicieron un trabajo impresionante para mantenerme al tanto y hacerme sentir incluida, a pesar de que se encontraban algo confundidos respecto a mis razones para estar allí.

Sin embargo, el amor por los libros es un sentimiento universal, y disfruté de cada minuto de ello mientras aprendía lo más que podía.

REUNIONES EN EL PARQUE ZAMORA

Yamil siempre trae una o dos sábanas, pero otros traen almohadas o sillas plegables, ¡además de que las botanas para compartir son siempre bienvenidas!

***

EN EL CAFÉ EL ALBA

Tiene una hermosa calle al lado que siempre está decorada durante las fiestas, y empanadas gigantes a un excelente precio. ¡Vamos allí a menudo para comer un bocadillo después de toda la plática literaria!

***

PERFORMANCE EN MAR ADENTRO

Entre reuniones, los miembros del club de lectura pueden encontrarse frecuentemente disfrutando de las lecturas y eligiendo nuevos libros.

DELICIOSO Y ENCANTADOR

*A*sí como muchas ciudades costeras, Veracruz tiene gran reputación por sus mariscos, pero también preparan su propia versión de muchos clásicos de la cocina mexicana. Y debido a esta diversidad, hay una amplia variedad de delicias culinarias de todo el mundo.

Me considero una degustadora dedicada, por lo que explorar todos estos lugares fue absolutamente divertido. También tengo la meta personal de encontrar el Mejor Chocolate Caliente del Mundo; aún no lo encuentro, ¡pero definitivamente les haré saber cuál es el Mejor de Veracruz!

La cuestión clave con la comida en México es que no puedes juzgar su calidad por el lugar donde la compras. Es más posible que encuentres el mejor tamal que puedas probar con una tierna anciana vendiéndolos en una canasta a un lado de la calle, que si pidieras uno en un restaurante.

Hay cientos de puestos de tacos, vendedores ambulantes y cocineros independientes con canastas llenas de comida. La única manera de saber cuáles son fantásticos o requieren ser evitados, es mediante la experimentación o una recomendación confiable.

TACOS DE PIBIL,
UN GUISO DE TACOS
BÁSICAMENTE, ES UN
PLATILLO CLÁSICO DE LA
REGIÓN

ENCUENTRA LO MEJOR: UNA AVENTURA CULINARIA

He ido a docenas de estos lugares y, aunque haré mi mejor esfuerzo para compartirlos, algunos de ellos no tienen nombre, horarios o ubicaciones en específico. Algunos son tan sólo pequeños kioscos en centros comerciales o mercados. Dos de ellos estaban en callejones. Considero que encontrar todos estos pequeños tesoros es parte del gozo por la aventura.

También, por querer probar la variedad de lo que hubiera disponible, usé Google Maps para darme una idea de donde ir. Limité la búsqueda a lugares que tuvieran 100 o más reseñas de 4 estrellas, y además tuviera una gran cantidad de imágenes claras de la comida y su ubicación.

Generalmente no soy dada a enfocarme en cosas que no me agradan, a excepción de que si el lugar requiere ser evitado a toda costa, pero todas las experiencias que tuve las disfruté de una forma u otra. Tomo a consideración cuestiones como la atmósfera, limpieza, incluyendo si tienen baños, amabilidad y cuáles son las mejores comidas o bebidas que ofrecen.

Cuando encuentro un lugar que me agrada, tiendo a ser bastante leal, y adoro cuando descubro un nuevo platillo favorito. Afortunadamente, Veracruz tiene suficientes lugares maravillosos para que tengas uno favorito para cada día de la semana.

Debo agradecer a los amigos que conocí en Veracruz, quienes después de demostraciones dramáticas de sorpresa y preocupación, procedieron a mostrarme la escena culinaria local y sus lugares favoritos, solo riéndose ocasionalmente cuando no tenía idea de como comer algo o por mi muy limitada capacidad para tolerar lo picante. (Para aclarar, mi salsa favorita es la de Mango-Habanero, así que no soy débil, ¡pero tampoco soy una guerrera para el picante!)

También me gustaría decir que hay muchos restaurantes de pizza, pasta y comidas similares, pero me considero más una chica de mariscos, así que me disculparan si muchas de mis recomendaciones se inclinan hacia ese lado.

Otra cosa que realmente disfruté, pero que fallé estrepitosamente en tomar alguna foto o notas como tal, fueron los dulces y helados. Hay muchísimos dulces, refrescos y otras botanas locales que podría hacerse un libro solo con ellos, así que sugiero ampliamente que solo vayas al Oxxo local y encuentres lo que te guste.

Advertencia: ¡Muchos de los dulces también son picantes!

Es el platillo mexicano más famoso, y por una buena razón. Una variedad de carne recién asada, sumergida en un marinado, que se acompaña con limón, cebolla, cilantro y salsa. Cada combinación es única, para cada chef. Todo envuelto en una suave y caliente tortilla.

Una absoluta maravilla.

La cantidad de puestos de tacos aquí no tiene fin. Podría pasar un año entero probando nuevos lugares y escribir todo un libro, y aun así no los cubriría a todos. Es suficiente con decir que es raro encontrar algo menos que delicioso, y que es una gran aventura tratar de intentar nuevos lugares.

Estaba muy feliz de encontrar varios lugares muy buenos a unas cuantas cuadras de mi Airbnb, ¡y no pasó mucho tiempo antes de que me conocieran por mi nombre y mi orden favorita!

Soy una gran fanática de los tacos al pastor y, si está disponible, de lengua. La parte auténticamente divertida son las salsas. Cada lugar tiene sus propias recetas, las cuales pueden variar de acuerdo a la disponibilidad de los ingredientes y que tan picante son los chiles de temporada.

Aprendí muy rápido a comprar la carne a granel para tener suficiente a la mano para algunas comidas. Si alguien no es fan de cocinar, México es un lugar verdaderamente asequible y delicioso para vivir "pidiendo para llevar".

Llamado "Volován", es la versión local del pan con jamón y queso, aunque tiene una variedad de rellenos dulces o salados. Me dijeron que todo buen Veracruzano empieza su día con uno de estos y una Coca-Cola. Son vendidos en las panaderías, pero en cada esquina también hay alguien vendiendolos con una canasta, para el desayuno o la merienda.

ALGUNOS SABORES FAVORITOS

Las Mejores Paletas

Encontré estas deliciosas paletas de helado con doble chocolate en un kiosko en Andamar Lifestyle Center. Cuestan alrededor de $40 MXN y aún las deseo.

***

Aguacate y tostadas de pescado

Esta es una de las entradas en Mardel, cerca del acuario, y estuvo INCREÍBLE. Si eres fan del sashimi, esta es una excelente fusión.

***

Vuelve a la Vida

Cocteles de camarón, ostión, pulpo y otros mariscos se encuentran en muchos lugares, y cada uno tiene su propio estilo y salsa. ¡Qué excusa más maravillosa para probar todos los que se puedan!

Un oasis oculto en medio de la ciudad, Cafelino es un refugio para gatos que se ve como una cafetería.

Todo en el lugar tiene temática de gatos, desde la impresionante variedad de la ecléctica decoración hasta su rico menú. Hay una gran variedad de comidas, bebidas y postres, la mayoría con formas de gatos, o con patitas de gato caminando en medio de ellas, en un auténtico estilo gatuno.

Tienen un hermoso y pequeño patio y jardín, incluyendo un jardín acuático, complementada con una pequeña escultura de un gato pescador.

Pero el principal atractivo del lugar es, desde luego, los gatos.

Detrás del área de la cafetería hay un pequeño patio de juegos para los felinos, llena de torres para escalar, túneles y cajas en lo alto de los muros para que los gatitos puedan ver todo su reino.

Cuando visité el lugar había cinco gatos disponibles para adopción, esterilizados, con sus vacunas y todo. Son amigables y muy sociables, y claramente adorados por el staff.

Incluso si no puedes adoptarlos, siéntete libre de detenerte un momento para recibir mimos felinos y apoyar esta increíble organización sin fines de lucro.

Cada objeto, desde la comida hasta el arte que decora el lugar tiene temática gatuna. No podría tomar suficientes fotos por todas las bonitas y divertidas cosas de gatos. También venden una variedad de objetos con temática felina para llevarte a casa y apoyar su misión de salvar gatitos.

Gatitos Atrapando Peces

El Cafelino tienen un pequeño y adorable patio afuera, que se complementa con gatos descansando mientras atrapan peces en el jardín acuático.

* * *

Haciendo Amigos Peludos

Sólo quería añadir más fotos de gatitos.

(Es mi libro, puedo hacerlo)

* * *

Gato Van Gogh

Adoré totalmente todas las divertidas decoraciones gatunas. Muchas de ellas eran variaciones de arte clásico en estilo felino.

Si eres un amante de los gatos, este es un lugar que debes ver. Puedes apoyar su misión a través de compras en la cafetería, donaciones o adoptando gatos, que (si recuerdo bien) tienen un costo de $1000 MXN, incluyendo todas sus vacunas y su esterilización.

Mientras existen una gran número de buenas cafeterías en la zona, el Café "Instagram" Definitivo en Veracruz es claramente Blossom. La decoración encaja con su nombre, con todo el techo cubierto de flores, y con una vibra floral mágica en cada detalle de la comida y la atmósfera.

Una amistad me trajo aquí por un brunch y regresé muchas veces para disfrutar de la maravillosa variedad en el menú y el excelente chocolate caliente.

El lugar requiere reservaciones para las horas pico, pero está generalmente tranquilo en las tardes entre semana.

Para los estándares mexicanos la comida es algo cara, pero la calidad es asombrosa, el servicio perfecto y la atmósfera relajante, así que si estás buscando un lugar para disfrutar de un lujoso brunch este es absolutamente el mejor lugar de la ciudad.

Sirven adorables cocteles con licor y ofrecen una amplia variedad de alimentos, desde croissants hasta tacos o pizzas. El Chef es increíble y hace fusiones de sabor únicas con bellísimas técnicas de presentación.

Recomiendo ampliamente ir con algunos amigos y ordenar varios platillos para que puedas disfrutar de todas las delicias culinarias que tienen disponible.

Este postre es suficiente para dos personas (o tres, dependiendo de su consumo de azúcar), y la tostada francesa con Nutella y frutas sabe tan bien como se ve. La pedimos para terminar nuestro increíble brunch, y estaba completamente impresionada.

¡NADA COMO UN BRUNCH DE CHICAS CON MUCHO CHOCOLATE PARA EMOCIONAR A UNA HADA INCONTROLABLEMENTE!

***

LOS HUEVOS BENEDICTINOS SON UNO DE MIS PLATILLOS FAVORITOS Y ESTE LUGAR PREPARA UNA SALSA HOLANDESA QUE TE TENDRÁ SABOREANDO CADA GOTA.

***

MIENTRAS MUCHOS LUGARES OFRECEN "CHOCOLATE ARTESANAL", ESTE ES EL ÚNICO LUGAR QUE HE VISTO PREPARARLO EN EL ESTILO TRADICIONAL DE AGITARLO A MANO EN UNA OLLA.

EL CHOCOLATE CALIENTE MÁS ELEGANTE DE LA CIUDAD

En realidad ordené esto por accidente en mi segunda visita, ¡pero creo que funcionó a la perfección! Este chocolate caliente viene con una entera galleta estilo S'mores y una verdaderamente ridícula cantidad de crema batida. Recomiendo mucho compartirlo con un amigo, porque yo ni siquiera pude acabarlo y aún así me tomó varios días recuperarme por el subidón de azúcar.

TORTAS POR SIEMPRE!

Las tortas son básicamente sandwiches, ¡pero no lo digas en voz alta a menos que quieras empezar una pelea!(*) Usan un tipo particular de pan y una variedad de carnes y quesos para su relleno.

Lo que las hace excepcionalmente deliciosas son las salsas, que tienen cebolla picada, zanahorias y jalapeños que puedes añadir tanto como desees.

Hay un puñado de torterías, siendo "Tortas Royalty" la más famosa, pero se pueden encontrar sus versiones sin calentar con vendedores ambulantes.

(*) Nota del Traductor:

Esto comenzó, desde luego, una pelea. Me dijeron que tradujera esto de forma literal. Un mexicano sabe que un sándwich y una torta no son lo mismo, pero considerando que este libro fue originalmente escrito para un público no-mexicano, se entiende. Les pido paciencia, así como el jarocho presente traduciendo esto la tuvo. Saludos a la flota.

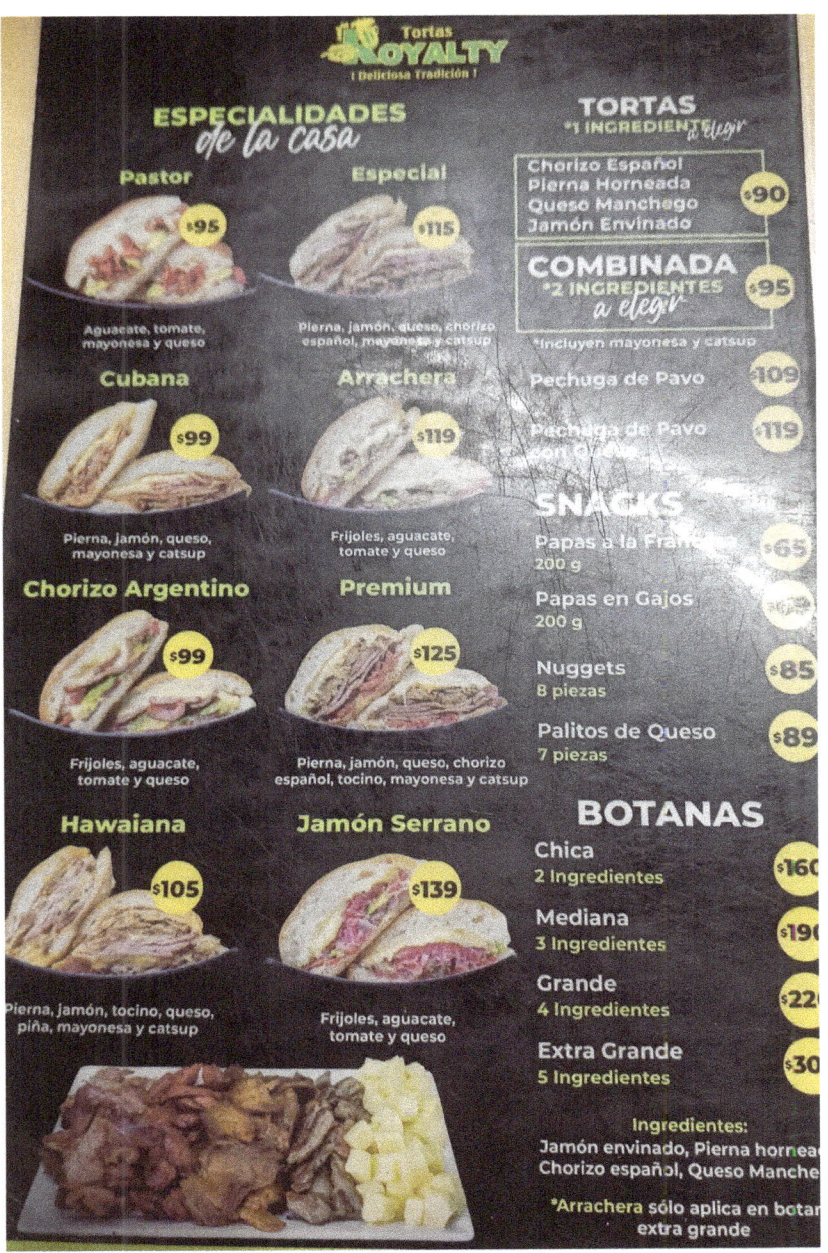

Tortas ROYALTY
[Deliciosa Tradición]

ESPECIALIDADES de la casa

Pastor
$95
Aguacate, tomate, mayonesa y queso

Especial
$115
Pierna, jamón, queso, chorizo español, mayonesa y catsup

Cubana
$99
Pierna, jamón, queso, mayonesa y catsup

Arrachera
$119
Frijoles, aguacate, tomate y queso

Chorizo Argentino
$99
Frijoles, aguacate, tomate y queso

Premium
$125
Pierna, jamón, queso, chorizo español, tocino, mayonesa y catsup

Hawaiana
$105
Pierna, jamón, tocino, queso, piña, mayonesa y catsup

Jamón Serrano
$139
Frijoles, aguacate, tomate y queso

TORTAS
*1 INGREDIENTE a elegir

Chorizo Español
Pierna Horneada
Queso Manchego
Jamón Envinado
$90

COMBINADA
*2 INGREDIENTES a elegir
$95

*Incluyen mayonesa y catsup

Pechuga de Pavo — $109

Pechuga de Pavo con Q... — $119

SNACKS

Papas a la Francesa
200 g — $65

Papas en Gajos
200 g — $6...

Nuggets
8 piezas — $85

Palitos de Queso
7 piezas — $89

BOTANAS

Chica
2 Ingredientes — $160

Mediana
3 Ingredientes — $190

Grande
4 Ingredientes — $220

Extra Grande
5 Ingredientes — $30...

Ingredientes:
Jamón envinado, Pierna hornea...
Chorizo español, Queso Manche...

*Arrachera sólo aplica en botan...
extra grande

51

EL PANUCHO

Más que un taco normal, el Panucho es un platillo por sí mismo, con frijoles, chile, aguacate, cebolla y más. Piensa en "El Taco Supremo" si lo deseas, un taco que hace a los otros tacos rendir homenaje a la Gran Tortilla llena de sabores que es el Panucho. Los mejores son encontrados en lugares que sólo los locales conocen.

***

COCTEL DE CAMARONES

La variedad de mariscos disponible aquí es impresionante, por lo que los cocteles de diferentes especies son ofrecidas básicamente en los menús de cada restaurante. Este cóctel de Villa Mariscos fue el ganador, con su salsa deliciosa y aguacate por montones.

SHOTS DE OSTIÓN

Siendo vitaminas naturales, los ostiones pueden ser disfrutados de muchas maneras. Mi favorita por mucho fue la carretilla de shots en Villa Mariscos. Cuatro shots, cuatro ostiones cada uno, con diferentes salsas que van desde lo cremoso, a lo especiado, a lo picante, como una paleta de sabores que seducen el alma.

※ ※ ※

PLÁTANOS FRITOS

El concepto de plátanos fritos que había escuchado era sólo la botana frita de las tiendas. Aquí en México, sin embargo, son un sabroso postre, asados y servidos con crema y queso suave que se derrite en la cima de la fruta caliente y suave. Perfecto para cualquiera que desee un platillo de fruta y queso después de cenar.

VUELVE A LA VIDA

Esta es la torre de mariscos Mexicana. Si alguna vez deseaste comer tu peso en mariscos y no quedarte en bancarrota, este es tu platillo.

La salsa es una combinación de ketchup y refresco de naranja, lo que suena como una locura y sabe como el paraíso, derramada sobre una copa gigante de ostiones, pulpo, caracol y camarones, los mariscos más populares de la región. También tiene jugo de erizo de mar en la salsa para añadir un toque exquisito a su sabor.

YO <3 VUELVE A LA VIDA

❀ ❀ ❀

DOMU SASHIMI

El restaurante por sí mismo es bello y elegante, perfecto para una cita. Pero debo decir que otros restaurantes de sushi más pequeños tienen igual o mejores rollos.

Domu es el mejor lugar, sin embargo, para el sashimi. Tienen variedad en el platillo y fue absolutamente perfecto. La salsa lo balanceó perfecto y adoré probar la variedad de mariscos en el lugar.

Si prefieres más los mariscos al estilo japonés, Domu es un restaurante de sushi de alta gama que lo tiene todo.

CENA AL LADO DEL MAR EN MOLA MOLONA

Hay varios restaurantes con vista a la playa, pero algunos de los mejores están en el nivel inferior de Andamar Lifestyle Center.

Mola Molona cuenta con un menú al estilo Español, incluyendo tapas y paella, lo que requerirá que ordenes con una hora de antelación. Tienen música en vivo y una adorable zona de estar, donde también permiten mascotas, con correa y bien portadas, por supuesto.

Recomiendo ampliamente ir al atardecer, ¡la vista es increíble!

Este fue definitivamente uno de los lugares más caros que visité, pero tenía bastante apetito ese día y quería probar varias cosas. No sabía que la mayoría de los platos fuertes eran fritos, así que tenlo en cuenta.

Definitivamente recomiendo las tapas, probé algunas mientras esperaba a que mi amigo llegara (el tráfico en la avenida principal se vuelve loco después de las 5 pm) ¡y creo que fueron la mejor parte de toda la comida!

Algunos de los platillos fueron pensados para grandes grupos, ¡y espero poder regresar a probarlos pronto!

Una de las tapas era carne de cerdo curada con queso añejo, bañado de salsa marinada y tomate asado. Era como una bomba de delicioso sabor sobre pan.

* * *

Las croquetas de Ibérico son bolas de jamón y queso frito, que también se volvió uno de mis platillos favoritos. Equilibramos la comida frita con deliciosas verduras asadas.

* * *

¡Un platillo Español no está completo sin churros y chocolate!

PICADAS POR LAS QUE VALE LA PENA IR A PRISION

Okey, no realmente ir a prisión, pero bastante cerca. Este pequeño restaurante está bajando un callejón al lado de la cárcel, y vale la pena la travesía a un lugar que no está marcado en ningún mapa.

Mi amigo comió aquí de manera habitual durante sus prácticas de abogado, y por una buena razón. La

picada de bistec estuvo deliciosa y fue por mucho la mejor horchata que probé en toda la ciudad.

***

CUMPLEAÑOS EN TE CONTÉ

La única auténtica tienda de té en la ciudad, cerca de Playa Marti, es Te Conté. Es bellísima, y tiene un menú asombroso, incluyendo un menú sólo de té, ¡e incluso tienen un columpio en el lugar! Tiene una de las mejores elecciones de pasteles de todas las cafeterías de la zona.

Todo esto se combina para hacer del lugar muy popular para ocasiones especiales y fui muy feliz al celebrar el cumpleaños de un amigo allí. ¡Recomiendo el rooibos latte!

DELEITE PARA LOS AMANTES DEL TÉ

Soy una chica de té y chocolate más que del mejor café, así que estuve encantada de encontrar Te Conté, la tienda de té local, tan solo cruzando la calle desde la playa. ¡Tienen una hermosa decoración estilo zen moderno y un columpio!

La fotografía es de un Rooibos latte, que estuvo delicioso. Ten en cuenta que nada tiene azúcar a menos que lo pidas directamente.

CHE TANGO

Che Tango es un restaurante argentino cerca del Acuario que tiene una deleitante atmósfera y comida deliciosa. Probé un pescado relleno de mariscos y ensalada de fresa rosa, ambas recetas únicas y deliciosas.

***

CHAMPLITTE

Personalmente, soy una persona de chocolate, así que soy algo especial al comprar pastel o pan. Champlitte es uno de los mejores lugares para pasteles con mucho chocolate, al igual que trufas y galletas, pero sus brownies son particularmente buenos.

MARISCOS

Seguí a un hombre extraño por un tramo de escaleras de un edificio que parecía abandonado, y encontré una cocina maravillosa. Este lugar es un ejemplo estupendo de la cocina de mariscos local, y la vista del Acuario y la playa desde el balcón del segundo piso lo hace perfecto.

❀ ❀ ❀

RESTAURANTE FUSSION

El Chef del Restaurante Fussion es un auténtico "connoisseur", mezclando el sabor Mexicano y platillos Asiáticos. Es uno de los lugares más caros de la zona, pero es un deber visitarlo.

El atún sashimi y sus frituras infladas son asombrosas, y su ceviche era tan inmenso como su sabor. También hacen uno de los mejores postres de chocolate de la zona.

EL MEJOR CHOCOLATE CALIENTE

El chocolate oscuro al 75% de Mar Adentro es absolutamente uno de los mejores en la ciudad, y lo sentirás como un buen impulso de energía por la tarde.

❀ ❀ ❀

EL MEJOR POSTRE DE CHOCOLATE DE TODOS

El Restaurante Fussion ofrece un postre exquisito de chocolate con helado, un brownie y dos trufas de chocolate oscuro de alta calidad.

❀ ❀ ❀

LA MEJOR GALLETA CON CHISPAS DE CHOCOLATE

La ubicación principal de Nata Café ofrece la mejor galleta con chispas de chocolate que he probado fuera de EE.UU.

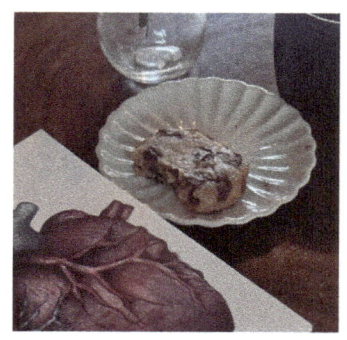

SALUD Y BELLEZA

ANDAMAR LIFESTYLE CENTER

*A*sí es, ese es un bosque real creciendo al interior de Andamar Lifestyle Center, al otro lado de ventanales de dos pisos de altura con vista al océano.

Los centros comerciales en Estados Unidos podrán estar decayendo, pero en México siguen siendo íconos de la economía creciente y la cultura prosperante. Andamar Lifestyle Center es una manzana de 4 pisos de tiendas de alta gama, cine, restaurantes, cafés y más rodeado de un jardín tropical en su centro. Hay un Sephora, una linda papelería y todo lo necesario para el estilo y el hogar.

La más grande y lujosa de estas tiendas es El Palacio de Hierro.

La hermosa tienda de lujo tiene su propia cafetería con comida gourmet dentro, con seis pequeños restaurantes que incluyen una panadería, mariscos y barra de jugos. Es un lugar impecable, con una simple decoración para su cafetería. La mejor parte es la vista a la playa y los hermosos hogares vecinos desde su tercer piso.

La comida es saludable y de alta calidad, aunque de precio elevado para la zona. Específicamente, la pastelería Champlitte es excelente. Es uno de los únicos lugares que he encontrado donde usan chocolate decente para sus pasteles y panes, especialmente sus brownies de chocolate. Tienen un maravilloso menú de bebidas con uno de los mejores lattes que he experimentado.

Pero si deseas aún más diversión, Plaza Las Américas esta cruzando la calle. Hay un gran puente peatonal que pasa por encima de la avenida principal y lleva directamente a este otro centro comercial. Plaza Las Américas es el mejor de la zona para encontrar precios más accesibles. También es muy grande, con dos cines, dos comedores y un gran Chedraui, la mayor cadena de abarrotes de la zona.

El cine es bastante cómodo, ¡aunque aún no puedo superar el hecho de que le ponen salsa y mayonesa a sus palomitas! No pude evitar pensar que se ve bastante desastroso y me considero bastante torpe como para arriesgarme a un accidente con la mayonesa.

Encontré unas sandalias realmente adorables en este lugar, las cuales usé la mayoría de mi tiempo en este lugar, además de una linda tienda de arte, aunque Office Max tiene la mejor selección y precios para pinturas.

También tiene un decente restaurante de sushi bajando las escaleras del comedor, con los mejores precios, pero se quedan algo cortos con las porciones de pescado. Ambos centros comerciales tienen áreas de estacionamiento, pero el autobús también igual se detiene justo frente a ambos, lo que es bueno debido a que el tráfico de esta zona puede ser algo intenso.

Hay pocas cosas que disfruto más que un masaje o un nuevo corte, excepto quizás el chocolate (¡pero todas estas cosas van bastante bien juntas!), así que desde luego estuve buscando spas y salones de belleza para lucir a mi hada interior lo mejor posible.

Por supuesto, hay muchos pequeños salones de uñas en los barrios de la ciudad, muchos de ellos haciendo un gran trabajo. Pero desde que mantengo mis uñas al natural, estoy más interesada en spas con manicuras y pedicuras de calidad.

No suelo arreglarme el cabello frecuentemente, así que el único lugar al que fui fue en Andamar Lifestyle Center. Era una mañana entre semana, por lo que tenían una lista de espera de una hora, y simplemente fui a tomar té en la cafetería en la parte de abajo. El hombre hizo un muy buen trabajo, el corte fue preciso y, quizás, un poco simple. Y aunque tuve la impresión de que no estaba muy familiarizado con el estilo Shag que me hago usualmente, fue claramente hábil y cortés. El lugar de igual manera ofrece manicuras, y he visto a varios clientes arreglándose las uñas y el cabello al mismo tiempo.

COCO NAILS BAR

Este pequeño salón está en una plaza cerca de Andamar Lifestyle Center, pero ofrece una mejor variedad de servicios. También tienen el servicio de agenda de citas online, lo que aprecio muchísimo.

❀ ❀ ❀

SPA MANICURA

Mi servicio favorito aquí fue el spa con servicio de manicura/pedicura, lo cual hacen de manera simultánea y toma unas dos horas. Hacen una exfoliación completa y guantes calentadores que hicieron a mi piel sentirse asombrosa.

❀ ❀ ❀

SERVICIOS DE LUJO

Este fue el único lugar de uñas que encontré donde hicieran un remojado total de pies para el pedicura, ¡y por lo mucho que hizo sandalias esto era muy necesario!

Ubicado en el 18vo piso de un rascacielos frente al mar, este spa tiene una vista que se compara con la calidad y la atmósfera de la experiencia.

Ofreciendo una variedad de servicios tales como masajes, faciales y un spa para la cabeza, Sansara Spa es un hermoso lugar con una hermosa vista.

El masaje empieza con el sonido de una meditación sanadora y una selección de aceites esenciales. El masajista fue bastante hábil, y aplicó exactamente la presión firme y gentil que disfruto.

También me gustó el facial, usaron toallas calientes en lugar de una máquina de vapor, lo que prefiero más. Aunque el aparato eléctrico usado para los poros era nuevo y un poco doloroso para mí, fue bastante efectivo.

Debido a mi amor por el sol, me hicieron algunos tratamientos especiales para el daño solar y me crearon un expediente como cliente ya que rápidamente comencé a asistir de manera regular. También ofrecen una tarjeta de descuento de "10 estampas", con dos diferentes recompensas cada 2 o 3 servicios, como un regalo o 30% de descuento en algún servicio. Este spa también ofrece servicio de agenda en línea al igual que paquetes especiales, lo cual son algo más accesibles. ¡La siguiente ocasión intentaré el spa de cabeza!

EL DR. BERNARDO PIERCE

El médico general Dr. Pierce es apasionado respecto a la vocación con el paciente a la par de alentar estilos de vida saludables y educación para la prevención. También es un activista por los derechos de los médicos, buscando mejores condiciones de trabajo y otros cambios necesarios en el campo médico.

UNA POCO SALUDABLE ATENCIÓN A LA SALUD

A pesar de encontrarse en etapas tempranas de su trayectoria profesional, el Dr. Pierce ha trabajado en una gran variedad de instituciones médicas. Ha estado en hospitales militares, privados y en servicios de emergencias, por lo que ha visto una amplia gama de problemas tanto de pacientes como de la industria médica.

La mayoría de las industrias tienen una serie de derechos laborales que protegen a sus trabajadores de situaciones peligrosas, pero aún así la industria médica carece sorprendentemente de limitaciones importantes. De hecho, como el Dr. Pierce dice: "Existe lo que parece ser una cultura de probarte a ti mismo tolerando condiciones extremas y trato irrespetuoso por parte de médicos de mayor antigüedad".

Turnos de 36 horas dos veces a la semana, además de su horario normal de trabajo es lo normal para ellos, algunas veces hasta más, mientras se encuentran en su periodo de entrenamiento. Ha trabajado en hospitales donde no ofrecen ningún área de descanso, lo que conlleva a que el personal no tenga un lugar para comer, descansar o que pasen 12 horas sin ingerir alimentos debido a la carga de trabajo. En uno de esos hospitales, no había un lugar de descanso para ellos, por lo que debían dormir por lapsos de una hora a la vez durante los momentos lentos del turno, mientras se recostaba atravesado en varios asientos de la sala de espera.

A pesar de estas condiciones, él expresa que tuvo suerte de ser colocado en una ciudad para hacer su internado médico, lo cual no tuvieron algunos de sus compañeros que fueron asignados en áreas rurales. Por malas que sean las condiciones en los hospitales urbanos, las áreas rurales suelen ser peores.

Mientras que los medios de Occidente (léase EE.UU.) dibujan a México como un páramo sin ley, eso solo es cierto en ciertas áreas rurales. Y esos lugares son verdaderamente peligrosos.

. . .

Para empezar, algunos de los médicos profesionales son enviados a lugares con poco o ningún equipamiento o personal, algunas veces tienen que entrenarse por su cuenta al no haber un doctor disponible que supervise su residencia. En los peores casos, ser el único doctor del pueblo los hace objetivos de los Carteles y otras operaciones criminales.

"Imagina que un Cártel toca tu puerta, ellos saben quién eres porque eres el único doctor de la zona", expresa el Dr. Pierce, "Y ellos te dicen, 'salva a nuestro hombre, o si no, te matamos.' Pero no tienes equipamiento, y tampoco la suficiente experiencia. He tenido amistades que me han llamado aterrorizados, preguntándome qué hacer."

Todos estos sacrificios con salarios que apenas pueden cubrir sus gastos de manutención, y en algunos lugares como la Ciudad de México, ni siquiera pueden hacerlo.

Esto ha llevado a problemas serios de tabaquismo y abuso de sustancias en el personal médico para soportar el estrés, así como un éxodo masivo de doctores al sector privado, donde a pesar de que siguen limitados, es al menos una oportunidad para un salario decente.

Al final, quien más sufre es el paciente, el ciudadano Mexicano promedio que requiere atención médica accesible y de calidad.

Cuando los doctores trabajan sin dormir ni comer, no pueden proporcionar la mejor atención. Cuando dejan el sector público sólo para sobrevivir y pagar las deudas, los costos de atención médica van más allá de lo que muchos pueden pagar. A pesar de ofrecer seguro médico a todos los trabajadores, México ha invertido muy poco en el sector de salud pública, y afecta a todos en algún punto.

El Dr. Pierce ha hablado abierta y activamente en contra de estos problemas, organizando una protesta exitosa en una ocasión, con otros médicos en ese tiempo. Aunque su efecto solo se limitaba a su hospital, eso le dio esperanza de que la comunidad médica podría unirse para mejorar sus condiciones.

· · ·

El trabajo en equipo es algo que él enfatiza en todas las áreas, y que a su vez enseña a sus estudiantes, organizando proyectos grupales y alentando la cooperación y el diagnóstico colectivo.

"El ego es un gran problema en el ámbito médico, el sentimiento del médico como un 'Dios'". El dice, "Intento recordarle a mis estudiantes que esta bien buscar ayuda o pedir consejo de alguien que tenga mayor conocimiento o experiencia. Tengo esperanza en que esto los alentará a trabajar juntos por el bien de todos."

El ego es importante, la confianza de declarar un diagnóstico, de abrir a una persona, de hacerse cargo de una situación de emergencia., pero también puede ser contraproducente cuando se trata de problemas más grandes como la doble revisión de un diagnóstico o para organizar sus derechos laborales. Pero la verdad es que la vasta mayoría de los humanos increíbles que trabajan en el sector médico les importan mucho sus pacientes y desean ayudar a las personas. Y de muchas formas, ellos podrían ayudar mejor a sus pacientes si tuvieran mejores condiciones laborales.

Aunque está fuera del objetivo de este libro, hay varios problemas que he escuchado por parte de muchos trabajadores de la salud, y espero, por el bien de todos, pacientes y personal, que se encuentren las soluciones que ayuden a cada parte. A la par de su trabajo en el campo médico, el Dr. Pierce también es un escritor dedicado, con historias publicadas en un libro de literatura médica y varios números de revistas literarias.

También ha sido un colaborador importante en un periódico literario en Córdoba, México.

HIS WRITING CAN BE FOUND HERE, ALONG WITH
A NUMBER OF OTHER LITERARY PUBLICATIONS

En su esfuerzo por educar al público, y ofrecer apoyo y comunidad con más personal médico, ha empezado un canal en línea:

El Doc Pierce

con consejos médicos y de estilo de vida en español e Inglés.

Instagram: @ElDocPiece

ARTE Y MOVIMIENTOS SOCIALES

UNA CIUDAD DE REVOLUCIONES CULTURALES

*C*on una historia de diversidad y un lugar icónico en la cultura Mexicana, no es sorpresa que Veracruz sea el epicentro de los creativos y filósofos haciendo su parte para resaltar y celebrar a la gente local.

Mientras disfrutaba de muchos aspectos de Veracruz, y aprendía mucho acerca de la región, como persona extranjera, siento que lo correcto es dejar que la gente local hable acerca de sus problemas, de la belleza y experiencias de su hogar.

Aprecio inmensamente que muchas personas estuvieron dispuestas a recibir entrevistas y compartir sus perspectivas con la cultura y experiencias únicas de las personas en Veracruz. Estos artistas, periodistas e historiadores son iconos culturales y líderes en la zona, haciendo un trabajo increíble en mostrar la belleza, la fuerza y el impacto único de su hogar y país.

Los reflectores en:

JUAN EDUARDO MATEOS FLORES

Periodista local y autor popular del libro "Reguero de Cadáveres", Juan Flores es un activista por la clase trabajadora y la gente sin mucha representación en la región. Es un fantástico bailarín y un apasionado por promocionar la cultura de Veracruz a través de su música, escritura, comida y más.

Entrevista con Juan

¿Qué te inspiró a trabajar en periodismo?

En un principio yo quería escribir historias de ficción. Pero una vez entré a un periódico a foguearme en la redacción, y como yo no quería ir al Café de la Parroquia a poner una grabadora, me mandaron a escribir sobre un basurero a cielo abierto allá en Boca del Río, el cual no estaba ubicado donde me habían dicho, sino que lo habían movido a lo más recóndito de aquella ciudad, a las orillas de un canal de aguas negras que había sido rehabilitado por el gobierno en turno.

Ahí descubrí gente viviendo a las orillas del canal, con gallinas que criaban bebiendo de esa agua sucia y niños jugando entre la basura, al lado de buitres y zopilotes como lo más normal del mundo. Escribí sobre eso y a partir de ahí me dije, ya con las herramientas de la crónica cuando supe del género, que quise escribir historias reales, sobre la gente que para muchos no es importante pero que le da forma y sentido a nuestras ciudades.

Su libro se hizo muy conocido en su zona, ¿qué le inspiró a escribirlo?

En realidad fue una especie de deuda que sentía tenía con el lugar de donde yo había crecido: la zona norte. Yo entré a trabajar a la librería después de un periodo reporteando violencia, derechos humanos, migración, y otros temas duros en los que me involucré mucho emocionalmente.

Por esa razón -burn out- me salí, además de que, por supuesto, en la librería pagaban mejor. En los primeros meses trabajando ahí, una vez un señor fue a buscar un libro para construir una barca y yo le pregunté qué para qué quería ese libro y ya me dijo que era para construir una barca en honor a su hijo que lo habían primero desaparecido, y luego matado. El suceso había sido conocido pues fue en el arranque del gobierno que había prometido cambiar todo en menos de seis meses.

Y el chico yo lo conocía indirectamente, porque era del barrio donde yo había crecido. Ese día supe que esa escena debía ser el final de ese libro que yo tenía en la cabeza, luego de haber revisado en mi computadora y ver que tenía muchas historias que dialogaban entre sí.

Yo tenía mucho miedo de publicarlo porque no quería que se sintiera como una falta de respeto en mi barrio, pero sentía que lo que se escribía en los periódicos estaba muy alejado de cómo yo había visto las cosas no solo como aprendiz de periodismo, sino como alguien criado en un barrio del puerto jarocho.

A tres años de su publicación puedo decir que es un libro emblema de un momento muy oscuro y duro para nosotros los veracruzanos.

¿QUÉ INFLUENCIA CREES QUE HA TENIDO EL REGGAETÓN EN TU COMUNIDAD?

Mucha, pero no como una música aislada. Sino que Veracruz forma parte del Caribe Cultural o Afroandaluz que el investigador García de León vino a bien acuñar. Veracruz siempre ha sido un gran receptor de música afro antillana así como modos de comportamiento vestimenta, etcétera.

Entonces cómo es una música para bailar, fue bien recibida desde un inicio, de hecho es considerada mi ciudad la entrada a esta género; incluso en las clases más acomodadas la música se bailaba. Fue tanto su impacto que de repente terminó siendo que "antro que no tocara reggaetón, cerraba".

Aquí sucedió el primer concierto de reggaetón (en 2004) y mientras traían a las grandes estrellas del momento, se conformó una escena local que no tuvo la suerte de despegar por falta de dinero y apoyo, así como de la inserción del crimen organizado, que en vez de invertir, más bien les dio droga y alcohol, a cambio de una efímera fama. No se pudo conformar una industria que catapultara a los artistas.

Sin embargo, a pesar de eso, muchas canciones forman parte de la educación sentimental de muchos jarochos y además, es un género que ha creado familias enteras.

84

¿Qué es lo que la gente malinterpreta sobre el reggaetón?

Pues creo que por las letras, principalmente. Pero siento que siempre son opiniones cargadas de clasismo, porque se le acusa de misógino cuando la historia de la música hecha por hombres está llena de letras y además comportamiento de artistas de ese modo.

Sin embargo, según mis amigas, les gusta porque es un género que las reconoce por primera vez como un ser puramente sexual, que no necesita ser enamorado para tener sexo. El trabajo que hago con el libro es precisamente escribir sobre dicho género, siempre pensando la clase, el género y la raza.

✿✿✿

¿Tienes un mensaje central en tu trabajo creativo?

El único mensaje es tener siempre presente desde el lugar que estoy escribiendo. Es decir, desde el Infonavit Buenavista, un barrio de la Zona Norte del puerto jarocho, una zona vilipendiada por las buenas conciencias y adineradas de esta ciudad que siempre nos tachan de ser una escoria social.

¿Qué crees que es más importante que la gente entienda sobre la cultura de Veracruz?

Que es una cultura rica, muy caribeña y afro antillana. Que todo eso que luego se menosprecia desde "el alto pedorraje de la alta cultura", nuestro acento, nuestras costumbres, nuestra forma de relacionarnos, nuestra música y la comida, es en realidad lo que nos conforma y lo que nos da ese tumbao identitario muy sabroso y que nos caracteriza del resto del país.

Ojalá algún día la flota lo entienda y cambie esa necedad de algunos de sentirse poblanos o regios que lloran la infraestructura de las plazas comerciales y se den cuenta qué esas plazas las encuentras en cualquier lado, que lo verdaderamente feo, muy feo, es no ser de aquí.

Lean su Trabajo:

Este año ganó otra beca estatal para finalizar su libro de relatos cortos, por lo que espera terminar ese proyecto y acompañar a Reguero de Cadáveres, su primer libro publicado.

Reguero de Cadáveres está disponible en línea y en varias librerías alrededor de Veracruz.

Puedes seguir a Juan en Instagram: **@AquiPerreabaTuMama**

La alfarería es un arte principal en todo México, con una rica y diversa tradición

✻ ✻ ✻

Personalmente, estoy un poco obsesionada con las vajillas, por lo que explorar todos estos diseños fue como estar en el paraíso.

✻ ✻ ✻

Tazas hermosas y latte, los simples placeres de la vida.

ANNICK ROTH

Annick Roth, nacida en 1984, es orgullosamente una mujer mexicana que ha encontrado su pasión en el arte, específicamente en la pintura, la fotografía, el teatro, el canto y la escritura. Ingeniería y consejera humanista, desde muy temprana edad le apasiona el desarrollo personal y la expresión artística.

Utiliza su arte como medio de expresión emocional y exploración de su propia luz y sombra, inspirada en preguntas profundas y trascendentales que desafían lo establecido, rompiendo creencias y paradigmas limitantes.

Annick es una colorista de la luz interior y una creadora de escenas hermosas. A través de su trabajo, busca apoyar a otros a abrir su corazón y sentirse orgullosos de quienes son, amando y viviendo a su manera. Reconoce una "vida propia" en sus creaciones, pues cada pieza se desarrolla con cada pincelada, verso o línea, sin un final definitivo hasta que la firma. Para Annick, el amor es amor, profundo y sin etiquetas.

¿QUÉ TE INSPIRÓ A ENTRAR EN LAS ARTES?

Desde pequeña me interesaba mucho hacer cosas con las manos. Siempre me ha gustado moldear distintos materiales, hacer algún tipo de cerámica con tierra húmeda, congelarla y luego pintarla. También pasaba largas horas haciendo modelos con plastilina, había pequeños humanos, animales, flores… de todo, hasta que un día dejé uno de los modelos al sol y se derritió en tantos colores y formas abstractas que pensé… ¿Por qué no hacerlo intencionalmente? Así que comencé a usar la secadora de pelo de mi mamá para derretir trozos de varios colores sobre el cartón. Me encantó, especialmente cómo brillaba y tomaba vida propia de alguna manera.

También hice los muebles y la casa de mis barbies con madera y todas las herramientas: sierra de mano, martillo, clavos, pegamento, gubias para tallar y un pirograbador. Me divertía mucho diseñando las paredes, las sillas, lo que se me ocurriera. Era una niña bastante solitaria así que diría que esa es una de las principales razones por las que encuentro un refugio realmente agradable y acogedor en mis creaciones.

En cuanto a la pintura, cuando estaba en 7° grado, con apenas 12 años, me mudé a Veracruz y dejé atrás todo lo que conocía y con lo que me sentía cómoda, me convertí en una especie de hija única porque mi hermano se quedó en Cuernavaca así que para sobrellevar todos esos cambios, me convertí en una estudiante sobresaliente, sobre todo en Historia del Arte.

Si hubiera sabido a dónde me llevaría mi dedicación a la escuela más adelante... Pasaba tardes enteras pintando lienzos con "copias" de diferentes corrientes artísticas, tenía que entregar una semanalmente y no había nada que disfrutara más que eso. Duró un año escolar.

Hice una pausa en la pintura durante unos 10 años porque me sumergí en el mundo del teatro, en la comedia, el drama y los musicales, tanto en la actuación como en la dirección. Cuando regresé a Cuernavaca en el 2009, retomé la pintura sólo para pasar tiempo con mi hermana y la esposa de mi papá, que estaban tomando clases con una señora mayor encantadora que estudiaba artes y dedicaba su vida a ello. Me encantó ser parte de ese grupo tan diverso con niños pequeños, mujeres mayores, mucho arte, risas y amor.

Detuve mis clases por las vacaciones de Navidad y no tenía ninguna intención específica de regresar hasta que la vida me dio una patada fuerte, muy fuerte: Mi dulce Ginger, un cocker spaniel de un año, fue atropellada por un auto.

El arte se convirtió en mi salvavidas, mi ancla, así que regresé a Veracruz, asistí a otro grupo de pintura al óleo y también comencé a tomar un curso de teatro en Xalapa.

¿QUIÉNES SON TUS MAYORES INSPIRACIONES?

Diría que mi primera y favorita es Vincent Van Gogh, fue un post-impresionista con una técnica muy particular conocida como impasto que, muchas veces, me encanta recrear en mis pinturas: textura, pintura al óleo espesa y pinceladas visibles. Admiro su pasión por dejar que sus emociones se proyecten en cada una de sus pinturas y su capacidad de atravesar el lienzo y llegar a quien contempla su obra.

Aparte de él, me quedo con los impresionistas como Monet y Renoir como mis favoritos.

Más recientemente, me ha inspirado mucho un joven muralista mexicano, Farid Rueda, que ha viajado por el mundo dejando su huella en muchos edificios en los que le han contratado para pintar murales. También he participado en algunos murales colectivos y ¡es posible que termine viajando y pintando en poco tiempo!

¿POR QUÉ PINTAR EN LAS ROCAS?

En resumen… por amor. Fui invitado por una exnovia, y por mi espíritu aventurero y mi deseo de pasar tiempo con ella le dije:

"Oye, mañana voy a pintar en las rocas, me siento muy inspirada, ¿te gustaría acompañarme?" Ella dijo que sí y fuimos, tuvimos una charla increíble con Adriana, que pone siete piedras en equilibrio todos los días como terapia y nos dijo que ya hacía mucho tiempo que nadie pintaba allí, ella solía hacerlo pero casi no se veían porque la pintura era ecológica, por lo que se había caído con el tiempo. Había otras rocas pintadas con algún tipo de mensaje para un ser querido o una carita sonriente.

Ciertamente no fui la primera en pintar una piedra allí, pero sí inicié el movimiento de poner mensajes alentadores. Mi primer corazón fue un corazón con los colores de la bandera del arcoíris que decía:

"Ama y vive a tu manera"

Seguí pintando ahí, fui con Shanti, mi perrita, y decidí pintar para inspirar a la gente que pasaba por el bulevar y el lugar floreció hasta convertirse en el "Jardín de Piedras", donde muchas otras personas comenzaron a dejar sus diseños y mensajes coloridos.

Realmente no tenía idea de lo que sucedería o a quién inspiraría mi arte. Muy pronto comencé a recibir fotos de mi trabajo que se enviaban a personas que me conocían, me etiquetaron en algunas fotos de personas posando con el corazón LGBTQ+ y pensé… ¡Qué bien!

Ese corazón podría estar sacando a algunas personas del closet… fue una declaración fuerte que no dejó lugar a dudas ni a esconderse.

¿CÓMO AFECTA TU ARTE SER PARTE DE LA COMUNIDAD LGBTQ+?

Estoy en una misión de romper con patrones, paradigmas y conceptos erróneos. Recorrí un largo y difícil camino que me llevó a aceptarme a mí misma y mis fuertes preferencias románticas hacia las mujeres, sin dejar de sentir atracción por los hombres. A veces se volvió bastante confuso, buscaba enjaularme y usar una etiqueta u otra para que la gente no se sintiera perturbada por mi existencia.

Nací como un ser humano libre y sé que, sin importar lo que haga, puede haber gente a la que no le guste y eso está bien. Ya no lo tomo como algo personal porque ahora sé que pueden estar viendo en mi arte o en mí una proyección de algo que no han llegado a aceptar dentro de sí mismos o que tal vez ni siquiera sean conscientes de ello.

Traté con mucho esfuerzo durante muchos años de ser aceptada por los demás, especialmente por mi madre, revelarle mi sexualidad fue lo peor y me sentí avergonzada y culpable durante muchos años. Ella tenía la esperanza de que algún día sería abuela de mis hijos y su sueño se desvaneció con el paso de los años.

Ella me decía que tenía miedo de que yo no fuera feliz con una pareja estable y que la sociedad me desaprobara. ¿Cómo podía pedirle aprobación a alguien más si no podía llegar a un acuerdo conmigo misma?

Trabajé mucho en mi desarrollo personal, y una vez que acepté todo lo que soy, ya no han existido fuertes rechazos ni malas miradas hacia mí, soy mucho más que a quien elegí amar, soy auténtica y me siento cómoda conmigo misma. Incluso mi madre se ha vuelto tolerante, dejando que su amor por mí descarte sus prejuicios. Acaba de escribir una novela autobiográfica y habla orgullosa de mí, mientras hace algunas declaraciones contundentes sobre el hecho de que el amor es amor.

· · ·

He ayudado a muchas personas a salir del llamado "closet" hablando con ellas, escuchándolas atentamente y con autenticidad. Me han dicho que soy una inspiración, me considero un instrumento de Dios y si puedo llegar e impactar a más personas con arte significativo, pintando sobre rocas o sobre lienzos retratando mujeres, amor propio, escribiendo o cualquier tipo de expresión, que así sea. Es un privilegio y un honor hacerlo y ser yo, Annick Roth, aceptando plenamente mi ser sin etiquetas.

¿SIENTES QUE SER DE UNA FAMILIA QUE INMIGRÓ A MÉXICO INFLUYE EN TU VIDA, TRABAJO CREATIVO O IDENTIDAD DE ALGUNA MANERA?

Soy una mujer mexicana descendiente de españoles y árabes por parte de mi madre y judíos por parte de mi padre. Mi familia es bastante pequeña. Soy apenas la segunda generación nacida en México y no tengo parientes en el extranjero hasta donde yo sé; la mayoría de mi familia judía pereció a causa de la Segunda Guerra Mundial en campos de concentración.

Las tradiciones o las grandes celebraciones familiares nunca fueron parte de mi vida; esa mezcla de culturas y religiones enemigas resultó en que no tuviera un sentido particular de pertenencia a nada en absoluto. Además, mis padres se divorciaron cuando yo tenía un año y aunque mi padre siempre ha estado presente, nuestra conexión es más bien de tipo intelectual. De hecho, me sentí incómoda hablando de mis creencias en Dios frente a él, que es ateo, que curiosamente fue más difícil para mí que decirle que me gustaban las mujeres.

Sé que estoy sacando de las circunstancias de la vida exactamente lo que necesito para crecer al máximo de mis capacidades y más allá, creciendo sin limitaciones o discriminaciones, guiándome por mi corazón.

¿QUÉ TE GUSTARÍA QUE LA GENTE SUPIERA SOBRE SER MUJER EN MÉXICO?

México es un país increíble: gastronomía, hospitalidad, tradiciones, música, arte, colores, su geografía, su gente, etc. Quiero mantenerme positiva al respecto pero aún tenemos un largo camino por delante hacia la erradicación del machismo, la igualdad de género, las mismas oportunidades, los mismos salarios por el mismo trabajo, el respeto, la seguridad pública, etc.

Me encanta ser mujer y vivir en México, no he luchado con el sexismo ni cosas así en el trabajo porque creé mi propio trabajo y tal vez también porque nunca he permitido que nadie me trate como si fuera menos.

Historia triste, la única vez que me he enfrentado al "machismo" fue con la mujer que iba a ser mi jefa en una empresa multinacional muy importante, ella me dijo: "No contrato mujeres, estás aquí solo porque me pareció interesante tu currículum" y luego procedió a preguntarme si me casaría y/o tendría hijos. Respondí respetuosamente a todas sus preguntas y me fui de esa empresa con la idea de no volver nunca más, aunque me llamaran, sabía que no lo harían.

Soy fuerte, rebelde, una mujer que no le teme a nadie, mis padres me enseñaron bien, no recuerdo estos comportamientos machistas de ninguno de ellos, las mujeres de mi familia han sido todas muy exitosas. Mi recorrido personal ha fortalecido mi alma y mis valores.

Definitivamente soy abierta y orgullosa pero no puedo decir que pertenezco a una comunidad lésbica, soy alérgica a la segmentación, a las etiquetas, pertenezco al mundo, a la comunidad humana y no tengo intención de vivir de otra manera. Estoy a favor de la integración, la colaboración y la vida a corazón abierto, el amor por encima de todo, esa es la respuesta. El matrimonio entre personas del mismo sexo y la adopción por parte de parejas del mismo sexo ya son legales en todo México.

En 2022, todos los estados aprobaron leyes que permiten el matrimonio entre personas del mismo sexo, asegurando la igualdad matrimonial en todo el país, aunque ya había sido aceptada en la Ciudad de México y algunos otros estados desde hace años. Todavía existe la necesidad de marchar y manifestarse por los derechos de las comunidades LGBTQ+; tal vez un día sea una celebración, un desfile y tal vez yo esté viva para verlo suceder y quizás con mi arte y mi discurso mueva algunos corazones y mentes hacia un mundo más tolerante.

¿TIENES ALGÚN CONSEJO PARA JÓVENES CREATIVOS O MIEMBROS DE LA COMUNIDAD LGBTQ+?

"Sé tú mismo."

Es más fácil decirlo que hacerlo, pero una vez que aceptes tu ser, quién eres, te aceptes y te ames incondicionalmente, seas tu mejor amigo y recorras el camino de la sanación de tu niño interior que pudo haber sido abandonado, rechazado, humillado, traicionado o tratado con injusticia. Tu yo actual, el adulto, también sanará y podrá romper todas las creencias limitantes y liberarse de las máscaras que has estado usando a lo largo de tu vida como un ajuste creativo para la supervivencia.

Cierra los ojos, coloca tu mano izquierda sobre tu corazón, luego cúbrelo con tu mano derecha, respira vida, respira el momento presente, ve hacia adentro y con paciencia encuentra quién eres realmente y qué llena de emoción a tu corazón.

• • •

Por favor, debes saber que eres único, eres digno y el mundo tiene suerte de tenerte, eres una obra de arte y mereces vivir la vida que siempre has soñado, así como expresar tu amor, tu arte y hacer que brille tu verdadero potencial. Vivimos y nos relacionamos con otros seres a través del reflejo y si eliges vivir una vida auténtica y veraz, eso es lo que proyectarás y las personas adecuadas estarán allí para reflejarlo y estar contigo en cada paso del camino.

Con influencias en las tradiciones Mexicanas

y la celebración del amor

Roth comparte su arte con el mundo.

EVENTOS CULTURALES

¡CADA DÍA ES UNA FIESTA!

*P*odrá sonar exagerado, pero de verdad, hay tantas sesiones de lectura, clases, clubes, performances, festivales, y demás actividades, sin mencionar las fiestas privadas y otros eventos, que podrías fácilmente tener algo que hacer cada tarde.

Los Mexicanos son muy amistosos, así que si asistes por tu cuenta a alguna reunión, muy probablemente tendrás un nuevo amigo para cuando termine el evento.

Existen varios eventos muy importantes en este lugar, tanto que incluso los negocios modifican sus horarios y vacaciones alrededor de los mismos, como sucede en el Carnaval. Aunque yo soy más una persona de libros, y existan varios clubes académicos en la zona, Veracruz es ampliamente conocido en todo el país como un lugar de fiesta y vida nocturna, y seguramente hay un lugar para la persona con mayor insomnio y ganas de seguir con la fiesta.

Personalmente, me voy a la cama a las 12, por lo que estas actividades son más amigables con un horario de sueño decente.

PIRATAS DEL PUERTO DE VERACRUZ

Por ser el puerto más antiguo de México y de todo el continente americano, Veracruz tiene una larga y feroz historia de invasiones, desde militares hasta piratas.

Si bien estas invasiones causaron devastación en la ciudad por muchos años, provocando incluso que la capital fuera trasladada a Xalapa, este lugar se ha vuelto un punto de interés cultural.

El tour de Los Piratas del Puerto, dirigido por el actor y orador Henry Guillermo, es una larga caminata a través del centro histórico de la ciudad. Un grupo de actores locales, con edades que van desde los 3 años en adelante, detiene al grupo para contar leyendas piratas y entonar canciones.

Fui llevada al show por mis amigos del Club de Lectura, y gracias a su compañía y la presencia de actores tan animados, fue todo un momento memorable de mi visita. Un amable local tradujo gran parte del show para mi, ¡pero me hizo muy feliz haber reconocido la mayoría de las canciones!

El tour empezó en el Café del Alba, uno de los lugares más icónicos del centro de Veracruz, y vale totalmente la pena visitarlo por su hermoso corredor y sus gigantescas empanadas.

Para ser honesta, no supe exactamente cuando acabó el tour, simplemente seguí a todos y terminé en un escenario donde se presentó un fantástico final lleno de canciones, mucho más baile, acompañado de un descanso entre bebidas y fotografías.

Por lo que entendí, ¡el tour se realiza durante aproximadamente un mes cada primavera, y lo recomiendo inmensamente si estás en la ciudad!

LOS PARCHES DE PIRATA SIEMPRE ESTÁN DE MODA

En el evento de Los Piratas del Puerto nos dieron parches, ¡y pienso que eso animó el verdadero espíritu de muchos en nuestro grupo!

Los reflectores en:

GUILLERMO HENRY CARETTA

El dramaturgo y locutor de radio nacionalmente reconocido Guillermo Caretta, tiene una voz profunda y sonora que la hace reconocible al instante, y es ideal para presentarse en el escenario.

Es un dedicado académico literario, llevando su amor por las obras clásicas a sus proyectos creativos y actuaciones. Después de sus 40 años de carrera en el teatro y las artes, ahora enseña actuación y técnicas vocales, a la par de participar en numerosos proyectos apasionantes.

Ha trabajado con producciones importantes de directores respetados en México, Colombia, Argentina, Estados Unidos, España e Italia, y ha leído famosos clásicos de la literatura en diferentes festivales literarios a nivel internacional. Su manera de conversar es exquisita, teniendo historias de sus muchas aventuras alrededor del mundo, ¡y una maravillosa habilidad para la narración dramática!

¿QUÉ OBRA DE ARTE/POESÍA/TEATRO QUE ADMIRASTE EN TU INFANCIA SIENTES QUE TE INSPIRO A SEGUIR EL CAMINO DEL TEATRO?

Dos, el ballet Bolshoi de Moscú, y "La Tempestad", la última obra de William Shakespeare. 7 y 9 años tenía yo, de la mano de mi amada madre.

❀ ❀ ❀

DURANTE TU TIEMPO COMO NARRADOR, ¿CUÁL FUE LA INTERACCIÓN CON EL PÚBLICO QUE MÁS RECUERDAS?

Durante mi segunda llamada a mi narración en vivo en el Festival de "El Libro y La Rosa", acudió una maravillosa banda de músicos, bailarines, cantantes y actores. Antes de comenzar mi presentación comenzaron a gritar "¡EL CLUB DE FANS DE HENRY!". Y cantaban, bailaban y jugaban mientras decían: "¡SOMOS LOS FANS DE HENRY!".

¿Cómo ideas el contenido para tus presentaciones interactivas, como en el evento de los piratas?

Debido a que cantamos, bailamos y personificamos figuras históricas como corsarios, filibusteros y bucaneros en la Villa Rica de la Verdadera Cruz, el público disfruta mucho de divertirse con nosotros en diferentes escenas del show.

Y todos sienten la libertad de cantar, bailar y actuar.

Además, adoro a los lobos marinos.

❄ ❄ ❄

¿Quiénes son los pintores/escritores/actores que más te han inspirado en tu carrera?

Pintores: Michel Angelo, Merisi da Caravallo,

Remedios Varo, Vincent van Gogh

Escritores: William Shakespeare, Arthur Rimbaud,

Edgar Allan Poe, Samuel Beckett

Actor: Marlon Brando

Director de Cine: Federico Fellini

Cantautores: Donovan, Bob Dylan, Leonard Cohen

Bandas: The Rolling Stones, The Beatles, Fleetwood Mac

Poetas : Dylan Thomas, William Blake, Edgar A. Poe

LA VOZ ICÓNICA

Guillermo Caretta fue el locutor oficial de la estación de radio de la UNAM por 29 años, y el anfitrión y productor del programa de música y poesía Radio Etiopía por 20 años.

Ha trabajado con directores tales como German Castillo, Jose Luis Cuz, Maria Morett y Jose Caballero

* * *

También ha participado en tours nacionales e internacionales de numerosas obras de teatro como La Madrugada de Juan Tovar, El Apóstol de Drácula y La Muerte Accidental de un Anarquista.

* * *

Ahora, él es un maestro de las artes que le enseña a gente de todas las edades y organiza eventos de teatro interactivos como Los Piratas del Puerto y lecturas en la Librería Mar Adentro.

CELEBRACIONES DEL AÑO

Existen varias celebraciones principales en Veracruz, en el transcurso del año.

La Semana Santa es un periodo popular para el turismo que viene a visitar estas playas, por lo que se realizan varios eventos esa temporada. Por supuesto, igualmente hay un desfile por el Día de Muertos.

De igual manera fui informada en un punto de mi estadía: "Nadie trabaja en Diciembre", por ser temporada navideña en este país bastante Católico, ¡aunque estoy segura que muchos solamente disfrutan de tener cualquier excusa para hacer fiesta!

Pero los eventos más grandes del año, que atraen al público de todo el país, son en Junio: El Salsa Fest y el Carnaval. Partes completas de la ciudad y numerosos negocios cierran durante estos eventos, por lo que es importante en qué fechas se realizará cada año si piensas visitar la ciudad, pues muchos negocios pequeños así como las rutas de autobús cambian de horario durante ese tiempo.

¡Nunca había visto un puesto de crepas sobre ruedas en mi vida! Este muchacho es increíble, cubriendo grandes secciones del evento con su cocina portátil y su gran variedad de dulces complementos. Realizó lo que pedimos, ¡e incluso bailó con nosotros mientras estaba cocinando!

EL CARNAVAL Y EL SALSA FEST

El SalsaFest es un evento masivo, al grado de que cerca de 100,000 personas acudieron en el 2024. Duró 3 noches, trayendo a los mejores músicos de múltiples países, dándose cita en una playa de Boca del Rio.

Tuve un guía fantástico para este evento, porque la planificación necesaria para llegar es toda una odisea en un evento de esta magnitud. Hay autobuses que te llevan al lugar y te traen de regreso, pues la ciudad incluso aumenta el horario de su transporte público hasta cerca de las 3 am para asegurarse de que la gente pueda llegar sana y salva a sus hogares. Pero van apretados como sardinas, ¡incluso con pasajeros que se sientan en el tablero del autobús!

Hay vendedores de comidas y bebidas por supuesto, ya que no puedes ingresar ninguna clase de los mismos al lugar, ¡pero el consejo de beber rápidamente un suero hidratante justo antes de entrar fue todo un salvavidas!

También sugiero usar ropa ligera y el pelo recogido, porque con el calor de verano y la multitud, ¡estarás sudando incluso si no bailas!

El Carnaval es el evento más grande, durando cinco días enteros, con una inmensa zona de la ciudad sin funcionar de forma habitual, y con los negocios adyacentes al desfile con sus puertas cerradas y barreras en sus ventanales.

Hay bastante espacio a lo largo de la calle, aunque también puedes comprar un boleto para estar en las gradas por unos $100-200 MXN, dependiendo de la sección y del día. Honestamente no tengo idea de como obtener esos boletos debido a que me regalaron mi entrada (*).

El Desfile comienza cerca del atardecer y dura unas pocas horas, con comparsas locales y carros alegóricos lanzando regalos. Es muy común que el público a los lados del desfile se les una en la diversión, ¡imitando a los bailarines o hasta bailando con ellos! Después del desfile, la fiesta continúa con estrellas, en ocasiones hasta internacionales, dando conciertos en el centro de la ciudad, al igual que a lo largo y ancho de la ruta del evento, con los más audaces disfrutando de la rumba hasta el amanecer.

(*) Nota del traductor:

Buenas, aquí tu Jarocho traductor de confianza. Las entradas a las gradas se consiguen con los encargados de las mismas, cada grada tiene su propio encargado, y no tienen un distintivo en particular (a veces cuentan con gafetes, pero no es una constante). El proceso es sencillo: Encuentra la ubicación de tu preferencia, pregunta por el encargado, paga tu grada y conserva tu boleto, pues con eso podrás salir y entrar nuevamente a la grada si lo requieres.

Siendo la festividad mexicana más famosa internacionalmente, ¡desde luego que tienen desfiles y fiestas llenas de hermosos disfraces para celebrar! A pesar de que solo hay unos cuantos eventos en la ciudad, es bastante común para la gente realizar fiestas de disfraces semanas antes o después de la fecha, o tener múltiples disfraces para la temporada.

La creatividad y variedad de los diseños de la Calavera clásica son fascinantes, además de la costumbre de ver a la Muerte como una amiga es un tema importante en la cultura Mexicana. Hay incluso una tradición de escribir poemas acerca de cómo sería la muerte de un amigo, siendo ligeramente provocativos, que se consideran como parte de la diversión.

Fue increíble ver el desfile, mostrando una variedad única de estilos provenientes de todo México. Me encanta el traje tradicional de Veracruz, que es una combinación de un chal español con grandes faldas de vuelo.

* * *

También participaron docenas de escuelas de danza, algunas haciendo bailes en pareja, otras siendo tropas enteras con puros hombres o mujeres luciendo sus mejores y más elegantes pasos.

* * *

Lo más llamativo del desfile del 2024 fueron los carros alegóricos, pues fue la celebración del evento centenario, y representaron los temas principales de cada década, además de muchos otros detalles.

El Salsa Fest 2024

Este festival toma lugar habitualmente en el mes de junio y uno de los eventos más grandes en todo país

ACTIVIDADES

DIVERSIÓN A DIARIO Y COSAS POR HACER

*E*l principal destino turístico en Veracruz es el Acuario, definitivamente. Tiene un tamaño decente, considerando que no es una ciudad muy grande, y es una referencia central de la zona. Tiene vista a una de las principales playas de la ciudad además de una pequeña plaza comercial, con un Museo de Cera en la puerta de al lado.

Nunca pude visitar el Museo de Cera, ya que me recuerda a esas muñecas horribles de las películas de terror. Sin embargo, disfruté de ir al Acuario un par de veces, pues me encanta la vida marina.

Hay una pequeña sección con una selva tropical en la entrada con muchas tortugas, y poco después se encuentran diversos tanques de agua con una variedad de peces distintos. Lo más destacado del tour fue el túnel bajo el agua, definitivamente. Ese tanque era inmenso con varios tiburones pequeños nadando alrededor de muchos otros peces. Estuve un rato algo largo aquí, simplemente disfrutando de la vista.

LA VIDA DE UN HADA PLAYERA

El túnel lleva a un gran anfiteatro, con una vista de 360 grados del tanque que envuelve a toda la habitación. Fue encantador ver a los bancos de peces nadando en círculo mientras creaban patrones curiosos.

Hay algunas otras exhibiciones, pero planeo ir en un futuro cercano a ver cómo las han renovado.

La entrada cuesta cerca de $250-260 MXN.

En el área del acuario también se encuentra un puerto de embarcaciones pequeñas, y ese es el mejor lugar para encontrar tours en lancha y otras actividades de deportes acuáticos.

Hay muchas exhibiciones interesantes en esa zona para todo aquel interesado en la historia, y especialmente la militar, porque se encuentra la Universidad de la Marina Mercante justo al lado. No es un tema de mi especial interés, así que no explore mucho ese lugar.

También hay un pequeño zoológico, y hermosos parques locales.

Realmente disfruté como las áreas verdes han sido integradas en la ciudad, y ver que existe buena infraestructura para las familias. La mayoría de los parques tienen buenas áreas de juego y senderos para caminar. Siendo alguien que adora caminar cada que puede, es realmente un lugar ideal para poder realizar la mayoría de mis mandados y actividades diarias a pie. Igualmente adoro nadar, por lo que usé gran parte de mi tiempo de los días soleados en el agua. Muchas de las playas tienen salvavidas, quienes hacen un gran trabajo controlando a las multitudes y asegurándose de que todo sea seguro.

Nunca tuve problemas dejando mi toalla, libros o algún otro objeto, aunque por lo general evito dejar cualquier cosa de valor. Puedes adquirir lo que necesites en la playa; llegan vendedores regularmente con cocos y mango, volovanes y ostiones frescos, lentes para sol y más. Asimismo existen restaurantes a todo lo largo y ancho de la playa si prefieres más una mesa que una toalla. ¡Cada playa tiene su propio estilo, así que siéntete libre de explorar!

Mute Nightclub

Mute Nightclub es un "speakeasy"(*) con una contraseña secreta para acceder a su pista de baile de dos pisos con múltiples DJ's y gran variedad de música. ¡Ve temprano, se llena muy rápido!

❖❖❖

Cultura de Cantina

Hay numerosos bares pequeños alrededor de la ciudad, llamados cantinas, teniendo al Karaoke como su fuente principal de entretenimiento. Pide recomendaciones a tus amigos ya que la seguridad del lugar puede variar enormemente.

❖❖❖

Lecturas de Poesía

Una de mis cosas favoritas de la zona es la cantidad de lugares que incentivan la lectura de literatura y poesía, ya que son una parte profundamente apreciada de la cultura, y las personas hacen lo mejor que pueden por apoyar a los artistas locales.

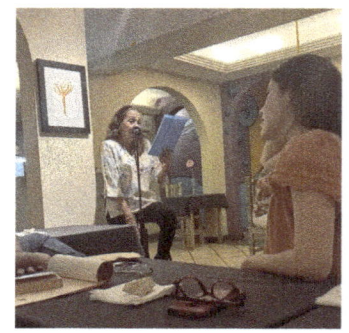

• • •

Los speakeasy fueron una especie de bares clandestinos que ganaron fama durante la época de la prohibición de las bebidas alcohólicas en los Estados Unidos (1920-1933). En la modernidad, se retoma este concepto con el uso de contraseñas, el disimulo de la fachada externa y la sensación de guardar un secreto a voces.

PADDLEBOARDING

Hay algunas compañías turísticas que ofrecen rentas de botes, kayaks y paddle boards, así como tours guiados, dependiendo de lo que te guste. Los precios varían desde $300-1,000 MXN por persona, dependiendo de la compañía, la actividad y la época del año.

OCEAN SUP VERACRUZ

A pesar de que he practicado mucho andar en bote y kayak antes, nunca había estado en una paddleboard hasta que fui invitada a un tour por la Isla de Sacrificio desde la Playa La Bamba.

Fui guiada por la compañía de tours Ocean SUP Veracruz y, fuera de empezar desde las 7 a.m. fue algo difícil, ya que considero ese horario como parte esencial de mi sueño, fue una experiencia increíble.

Me otorgaron una tabla, un paddle, y un chaleco salvavidas, además de bocadillos y agua para las aproximadas 4 horas que duró el tour. Tomó cerca de 90 minutos en ir y regresar, y tomamos un pequeño descanso para disfrutar de la isla de cerca.

Había erizos de mar, cangrejos y toda clase de peces en la zona. Los guías tomaron una gran cantidad de fotos y videos, creando una bonita colección de ediciones que nos mandaron un poco más tarde.

Tuvimos un día muy especial, acorde con lo guías, ¡pues pudimos ver unos delfines a nuestro regreso a la playa!

¡Yo pensaba que estaba en forma, considerando mi experiencia previa en otros deportes acuáticos, pero el paddleboarding es más intenso que ir a kayak!

Fue un gran ejercicio y un hermoso día que espero poder disfrutar nuevamente en algún momento. Hay varias compañías que realizan diversos tours en la playa y en las áreas cercanas. Monkey Fish Veracruz me fue muy recomendada, y ofrecen una gran diversidad de actividades. El tour que tomé fue con Ocean SUP Veracruz, la cual es una compañía más pequeña pero con un persona muy apasionada y guías que hablan Inglés, si es necesario.

De igual manera, hicimos un trato que si les haces saber que encontraste sus tours gracias a este libro, ¡tendrás un descuento especial de "amigos y familia" en tu tour!

Isla de Sacrificios

Aunque la isla está protegida federalmente, tours acuden de manera habitual a sus alrededores para mostrar la increíble belleza de la flora y fauna de la zona.

❀ ❀ ❀

Playa Marti

Esta es una de las principales playas de la región, con patio de juegos y un gimnasio público. Muchos de los mejores cafés están en la zona de Reforma, cruzando la calle.

❀ ❀ ❀

Renta una Mesa

La infraestructura de la playa principal son los restaurantes, que usualmente colocan mesas con sombrillas. Puedes ordenar una o dos cosas, generalmente con un precio decente pero ligeramente más caro, para conservar tu lugar y tener algo de sombra.

EL CLÁSICO TURIBUS DE DOS PISOS

Si eres del tipo que le gusta relajarse mientras observa, especialmente en tiempos de calor, hay maravillosos autobuses turísticos en la ciudad. De igual forma es la mejor manera de llegar a la fortaleza que se encuentra en uno de los extremos del puerto.

También vi a grandes grupos de gente tomar esos tours, por lo que estoy segura de que necesitan reservar con tiempo, ya que esos autobuses eran bastante populares la mayor parte del tiempo que estuve allí.

Hay algunos que inclusive estaban adornados con divertidas temáticas, tales como un auténtico Barco Pirata, con sus tablones de madera y todo. Se detienen en diversas ubicaciones para que puedas explorar la zona, pero en resumen es una buena manera de tener una visión clara de la ciudad. Solía estar en contra de esta clase de tours, pero los he tomado en algunos países hasta la fecha, y he descubierto que pueden ser bastante informativos si lo que estás buscando es un lugar nuevo y tener una vista rápida de todo.

Por supuesto, cualquier lugar sólo es interesante si estás interesado en disfrutarlo. ¡Pero Veracruz tiene mucho para disfrutar, tanto de día como de noche, para cualquiera que busque hacer algo divertido!

CUESTIONES PRÁCTICAS

*R*ealmente me encanto toda la arquitectura en Veracruz. En el centro histórico de la ciudad había casas de madera, la más antigua con cerca de 100 años, con adorables detalles en herrería, entre otros adornos.

Las casas más modernas están construidas con una hermosa y sorprendente fusión del estilo Mediterráneo y Mexicano, con jardines, patios en sus segundos pisos y brillantes colores.

Si bien pasé mi tiempo allí en Airbnb's, por razones obvias, hay muchos lugares bastante bellos disponibles para corto y largo plazo o a la venta. Y es una zona en desarrollo, por lo que nuevas construcciones están plenamente disponibles. Realmente aprecio que, a pesar de que siguen construyendo nuevos edificios, hay un esfuerzo claro en preservar lugares históricos, diseños tradicionales, y mantener las casas a precio accesible para la gente local.

Para mayor información en bienes raíces en la zona visita:

GrupoCGINMobiliaria.com.mx

ENFÓCATE EN LOS NEGOCIOS PEQUEÑOS

Aunque hay algunas de las grandes cadenas internacionales como Costco u Office Depot, la mayoría de las tiendas aquí son negocios pequeños especializados en productos específicos. Desde que Google Maps rara vez muestra estos lugares, es buena idea salir a caminar alrededor de tu barrio en distintas ocasiones para darte una idea de que hay cerca y cuando está abierto.

Puede parecer menos "conveniente" en la superficie, pero creo que es una aventura muy sana. Frecuentemente pude encontrar mas cosas únicas, de buena calidad y accesibles en mis caminares.

ALGUNOS CONSEJOS:

- México tiene altos impuestos a productos de importación, por lo que si necesitas productos específicos, como para cuidado para la piel, trae suficiente para que te dure por un tiempo. Puedes encontrar absolutamente todo aquí, incluyendo tiendas como Sephora, Lush, Electrónicos, etc, pero son significativamente más caros. Cualquier cosa que no sea "de marca" como ropa, toallas y otras necesidades, siéntete con total libertad de comprarlo en México, usualmente son de mejor calidad y a mejor precio.

- Aprende algo de Español Básico. Hay personas que hablan otros idiomas (aquí hay un particular interés en Mandarin y Japonés) pero es más común que se encuentren en áreas de gama alta, de gran costo o académicas. No es tan común, así que no cuentes con ello si tu plan es hacer mucha exploración o llegar a conocer a los locales.

- Consigue una tarjeta SIM local. Telcel es una compañía fácil de encontrar y bastante accesible, con planes que dan internet ilimitado para Instagram, WhatsApp, entre otras cosas.

- Descarga WhatsApp. Todos lo usan.

- Uber existe, pero no es consistente. Hay una aplicación llamada BlaBlaCar que es mucho más usada.

- La ciudad es bastante caminable y tiene un buen transporte público. Pero tal cosa como el "espacio personal" NO existe en los autobuses.

- El centro de la ciudad tiene muchos negocios y barrio. Los distritos de Boca del Río y Reforma tienen más centros comerciales y supermercados, y son considerados como áreas "adineradas".

- Seguridad: México es significativamente más seguro de como lo retratan los medios en Estados Unidos. Si, hay áreas peligrosas, y uno debe tomar precauciones razonables, como no emborracharse hasta perder la conciencia, mostrar dinero o dar mucha información personal, evitar las drogas, apuestas y otras cuestiones peligrosas y potencialmente relacionadas con el crimen. Pero incluso salir de fiesta a un club nocturno y a los grandes festivales, con amigos por supuesto, lo sentí bastante seguro y no vi ninguna pelea u otros problemas. (Debo agregar que tengo el síndrome de Cenicienta y tiendo a dejar las fiestas a la medianoche. Es muy raro que sucedan cosas buenas en grandes aglomeraciones después de la medianoche).

- Cosas que sí debes hacer: Sé considerado. Trata a las personas con amabilidad. Ayuda a alguien si lo necesita. Mantén tus cosas en orden. Los mexicanos son gente increíblemente atenta y amable, y lo aprecian mucho en otros.

Suites Frida

El primer Airbnb en el que me quedé fue mi favorito de todos. La ubicación era perfecta, los dueños realmente fueron amables y serviciales, y era exactamente un estudio del tamaño adecuado con todo lo que necesitaba para mi estancia.

***

Asimismo me encantó que era muy colorido y muy bien decorado. Conocí al artista que pintó los murales, hace un increíble trabajo.

Hubiera querido quedarme más tiempo, pero ya se encontraba reservado.

***

La Casa de Andres

Este lugar no estaba tan lejos de Suites Frida, así que la ubicación era decente. Aunque el lugar era más pequeño, era lindo y bastante cómodo. También me gustó que hubiera un mercado cruzando la calle, el cual tenía muchos puestos para comer y comprar frutos frescos.

QUÉ EMPACAR:

- Ropa ligera para la playa y "business casual". Me impresionó el estilo de la mayoría de las personas de la ciudad: mujeres con lindos atuendos y hombres con camisas de botones son la norma. Una chaqueta ligera para la noche si te consideras friolento.

- Sombreros de ala ancha (*) y lentes de sol, aunque los puedes comprar aquí de igual forma.

- Bloqueador solar. Todo el que tengas. Lo necesitaras mas de lo que crees si estas aunque sea un poco en donde llega el sol.

- Zapatos cómodos y sandalias. Es una ciudad muy caminable. Y por supuesto, ¡hay mucho baile!

- Un protector contra el agua para tu teléfono, especialmente si viajas por tu cuenta. Ponlo a prueba primero, tendrá sus instrucciones. También son bastante útiles para mantener tu teléfono y tu dinero contigo si estás en la playa. Es totalmente seguro dejar otros objetos, ¡pero mantener mis cosas de valor conmigo mientras nadaba fue de gran ayuda.

- De verdad, pon a prueba cada vez que lo uses.

- Artículos especiales: Veracruz es una ciudad de tamaño decente, con todo lo básico, pero si necesitas algo muy específico, trae suficiente desde tu hogar o es posible que tengas que ir a la Ciudad de México para encontrarlo.

(*) *Nota del traductor:* "De medio la'o", si te sientes Pedro Navaja.

Bajando por una calle desde el Parque Zamora se encuentra el Mercado Central, que es el mejor lugar para encontrar comida increíblemente fresca y local, además de cualquier cosa imaginable. Es un perfecto caos y me tomo varias visitas para apenas comenzar a entender donde se encontraba todo. Y definitivamente asegúrate donde tienes tu cartera. Podrías encontrar un excelente precio en algo y luego descubrir que se te perdió. (Esta es meramente una precaución razonable, no tuve ninguna interacción negativa con desconocidos en los 6 meses que estuve allí).

FUENTES Y AGRADECIMIENTOS

MUCHAS GRACIAS A MIS QUERIDOS AMIGOS

*E*ste capítulo final está dedicado a toda la gente increíble que conocí en Veracruz, porque deseo compartir fotos de tantos maravillosos momentos, y también porque use, sin vergüenza alguna, fotos, videos, comentarios e información que me compartieron mientras creaba este libro.

Primero que nada, me gustaría agradecer a todo el grupo de Lecturas al Aire Libre, pues me dieron una cálida bienvenida y compartieron tantos comentarios respecto a la cultura del lugar y lugares para visitar.

Has sido una inspiración para mí, y para muchos otros.

Gracias a todo el personal de Mar Adentro, que me enseñaron tantas groserías, me mostraron una colección de libros fascinantemente raros, y generalmente me hicieron sentir bienvenida en su adorable comunidad académica. Y muchas gracias a cada persona que estuvo dispuesta a ser entrevistada y a aparecer en este libro, fue todo un honor aprender y compartir sus historias tan únicas respecto a la vida, el amor y la creatividad.

ESTE LIBRO FUE UN PROYECTO DE TODA LA COMUNIDAD

Este libro no podría haber sido escrito en lo absoluto sin la ayuda de todas las personas que conocí en Veracruz. Muchos de estos nuevos y queridos amigos se tomaron el tiempo de mostrarme sus lugares favoritos, sus comidas favoritas, y darme la bienvenida en sus hogares.

¡Me dieron una montaña de material para moldear estos capítulos, y no podría haberlo incluido todo!

Y, más importante, hice la promesa de escribirlo y terminarlo, así que debo estar segura de tenerlo o enfrentar la vergüenza frente a todos!

(Es un gran motivante! Ahora solo necesito aprender más Español)

Sé que algunas de las cosas que escribí se decantan más hacia el lado "turístico" de las cosas, pero hice mi mejor esfuerzo para mostrar muchas caras de este complejo lugar.

"no hagas preguntas, súbete, y vamanos a Veracruz"

149

Gracias al Club de Lectura, que hizo de cada Domingo el día más importante de la semana. Son un brillante ejemplo de comunidad e inspiración.

* * *

¡Tuve que mostrar mis alas, aunque fuera un poco! ¡Respeto a la gente del autobús por tomárselo con humor!

* * *

¡Gracias al personal de la Cafetería de Mar Adentro, por siempre hacerme un maravilloso chocolate caliente y enseñarme palabras que nunca podría encontrar en un libro del idioma!

No sé quién eres, persona extraña en el callejón usando disfraz, ¡pero hiciste de ida a comer una picada por la mañana aún más divertida!

* * *

Gracias Lupita, estoy aprendiendo más español, ¡solo para ti!

* * *

¡Hermanos de Libros por siempre!

Ellas son artistas, ellas son filósofas, ellas son Belleza e Inteligencia,

Les presento a:

¡Las Damas de la Literatura!

***

Yo dibujo figuras, el ataca cosas invisibles, tan solo otra reunión más en el Club de Lectura

***

¡Muchas gracias a Ocean SUP Veracruz por tomar fotos tan increíbles!

Muchas gracias a Annick Roth, por ser una increíble amiga en todo sentido. Mostrándome los mejores lugares de la ciudad y a lo largo de la playa.

❀ ❀ ❀

Yendo de noche por algunos comestibles, pintando rocas, y hablando de todo bajo el sol.

❀ ❀ ❀

¡Me ayudaste a hacer de Veracruz mi hogar, y espero tener más recuerdos felices!

Gracias a Sergio Muñoz por tomarse el tiempo en su apretada agenda para hablar de sus fascinantes colecciones en Mar Adentro y compartir sus impresionantes y creativos proyectos.

* * *

¡Gracias a todos los Piratas que nos mostraron la ciudad, y dieron un show fantástico en el camino!

* * *

¡Nada mejor que un Martes de poesía en la noche con los Amigos!

¡Aplausos para Yamil!

¡Fundador del Club de Lectura, Creador de "Taco de Perro", Artista de la "Veracruz Noir", Cuentacuentos extraordinario, El Sujeto que siempre anda en problemas por divertirse, y un amigo que comparte su Volovan!

❖ ❖

¡Es bueno cuando las Amigas Hadas se encuentran una a otra!

❖ ❖

¡Gracias a todas las personas que compartieron su Alegría por Crear!

"Estas Ciruelas no son para compartir

＊ ＊ ＊

Sino para disfrutar"

- Un Poema Colaborativo

＊ ＊ ＊

¡Hey!

¡Eres Especial! ;)

¡Picada para el Desayuno! Una celebración de un Domingo por la mañana.

❈ ❈ ❈

¡Gracias a todos mis increíbles amigos que me enseñaron a como bailar salsa!

❈ ❈ ❈

¡Si esto no te hace querer jugar en el agua, no sé qué podrá hacerlo!

* * *

¡Gracias a ti, Dr. Pierce, por compartir tanto acerca de la Industria Médica, la Cultura Jarocha y a como sobrevivir el SalsaFest!

¡Arrrrg, camaradas! ¡Vengan a visitar Veracruz!

* * *

Una Ciudad de Gente Maravillosa <3

The Cozy Fairy Collection

Este libro ha sido escrito como parte de la biblioteca The Cozy Fairy Collection. Puedes encontrar otros de mis libros acerca de este mundo, los 9 Reinos de las Hadas, y mis colecciones de poesía en nuestra página:

RoseAndStoneMedia.com

Ofrecemos una variedad de arte original, libros miniatura hechos a mano de diversos temas, y mercancía de nuestro Arte de Hadas incluyendo bolsas de mano, tazas, sábanas y más!

¡Puedes seguir nuestras Aventuras y Festivales alrededor del mundo en nuestra red social!

Siguenos en INSTAGRAM & SUBSTACK:

@TheCozyFairyCollection

LADY VICTORIA ROSE

Autor y Artista, Lady Victoria estudió Literatura Inglesa y Filosofía antes de comenzar con sus aventuras como trotamundos para disfrutar de todas las formas de belleza, magia y chocolate que pudiera encontrar. Ha trabajado como periodista en Del Norte Triplicate, además de otras publicaciones, antes de fundar la Cozy Fairy Collection para compartir sus Aventuras a través del mundo y de los Reinos de las Hadas.

SERGIO STONE

Un hada artesana extraordinaria, Sergio Stone trabaja con tela, cuero, madera, metal y mas para traer a la vida al exquisito mundo de las Hadas. Elle trae magia y sonrisas al mundo todos los días, y defienden la justicia y la igualdad en cada área de la vida. Como co-propietarie de la Cozy Fairy Collection, es la mente brillante y las manos dedicadas que la comparten con el mundo.

Todd el Gnomo Maestro de los Libros

Fundador de Booksby Press, una compañía Editorial Literaria de Libros en Miniatura, Todd es encontrado frecuentemente en su lugar feliz: Su taller de encuadernado. Es un experto reconocido internacionalmente en la historia y producción de libros en miniatura, tiene una de las más grandes colecciones de libros raros en miniatura en el mundo, y es el líder de la Sociedad de Libros en Miniatura.

LADY VICTORIA ROSE

Autor y Artista de los Reinos de las Hadas

Autor, Artista, y Hada en la Aventura Humana; con estudios en Escritura Creativa y Filosofía; Lectora de miles de libros; Escritora de artículos, poesía y relatos; Amiga de las Gallinas y las Zarigüeyas, Gatos y Codornices, Ciervos y Mapaches; Coleccionista de Bolígrafos, Lápices, Libretas y Estampas; Bebedora de Té, Amante del Chocolate, y Amiga de todo aquel con un Corazón Amigable.

Comenzó en el periodismo y la escritura independiente, siendo publicada en el periódico Del Norte Triplicate, Purpose Fairy, la revista Ohio GAMERS y más. Cerca de una docena de sus poemas han sido publicados en el International Writer's Journal y están en la Biblioteca del Congreso.

En el 2019, fue publicada por Booksby Press, y sus 5 actuales libros se encuentran ahora en colecciones privadas en cuatro continentes, y otros dos en los Archivos Culturales de la Biblioteca Pública, además de que han aparecido en la Revista de la Sociedad de Libros en Miniatura.

Ella puede ser encontrada en bellos espacios naturales o en librerías y cafeterías acogedoras acompañada de un diario y un montón de materiales de arte, creando sus trabajos del Destino de Fantásticas Ilusiones y Aventuras a través de los Nueve Reinos de las Hadas.

~Bienvenido a estos Mundos de Maravilla~

Este libro es un vistazo muy breve de la rica y compleja cultura que es Veracruz, y México en toda su extensión. Es simplemente mi experiencia y perspectiva del momento particular que pase allí, y no es en ninguna forma un intento de hablar como una autoridad acerca del lugar.

Hice mi mejor esfuerzo en escribir acerca del lugar que realmente adoré y disfruté con respeto a la gente y la historia del lugar del que aún sigo aprendiendo. Este libro tiene la intención de ser una amable introducción que inspire un deseo más profundo por las personas que no estén para nada familiarizadas con la cultura Mexicana en general. Espero que la gente de Veracruz sienta que este libro muestra lo mucho que los admiro y aprecio.

¡Muchas gracias por leer, y muchas bendiciones para ti!